엄마, 아빠의
진짜 속마음

- 동상이몽 육아기 -

엄마, 아빠의 진짜 속마음

- 동상이몽 육아기 -

현병수 · 김희진 지음

엄마, 아빠의 진짜 속마음
- 동상이몽 육아기 -

초판 1쇄 인쇄 2016년 5월 10일
초판 1쇄 발행 2016년 5월 16일

지은이 현병수 김희진
펴낸이 양진오
기획 김현기
편집 이은경 신동욱 이예지 | **표지 디자인** 윤나라 | **내지 디자인** 오홍열
펴낸곳 (주) 교학사
등록일 1962년 6월 26일 제18-7호
주소 서울특별시 금천구 가산디지털 1로 42 (공장)
　　　서울특별시 마포구 마포대로 14길 4 (사무소)
전화 (02) 7075-352 | **영업** (02) 7075-147 | **팩스** (02) 7075-359
홈페이지 www.kyohak.co.kr

값 13,000원 ISBN 978-89-09-19752-6 03000

'EBS 육아 학교'의 현병수! 남편의 입장을 말하다

— 연애 7년, 결혼 7년 차 된 현금과 은을 가진 아빠

2003년도에 군대를 갓 제대하자마자 중학교 동창이었던 아내를 만나 오랜 기간 연애를 하고 서른 즈음에 결혼을 했다. 알콩달콩 신혼을 즐기다가 남들처럼 살아보겠다고 아들을 낳고 또다시 아들 하나를 더 낳았다.

첫째 아들은 돈 많은 부자가 되길 바라는 마음에서 고민 끝에 '금'이라고 지었다. 그래서 현병수의 첫째 아들은 '현금'이다.

둘째 아들은 태명까지는 '현찰'이었지만 차마 그렇게 지었다가는 평생 원망을 들을 것 같아 첫째 아들 이름에 라임을 주어 '현은'이라고 이름 지었다.

만약 셋째가 딸이라는 확신만 있다면 정말 낳고 싶어서 이름까지 '보화'라고 지어 놓았다.

그렇게 계획대로만 된다면 '금은보화'를 다 가진 세상에서 부러울 게 없는 아빠다. 아직 보화가 없어도 '금은'은 가졌으니 부족할 것은 없다. 그런데 이상하게 아이들이 태어난 이후로 난 늘 만성피로에 시달린다.

나의 직업은 개그맨이다. 대한민국 국민들을 웃겨야만 먹고 사는 남자

로, SBS 공채 8기 대상을 타고 화려하게 데뷔했다. 그렇지만 데뷔한 지 10년이 넘은 현재는 애매한 공인으로 처자식마저 웃기는 것도 녹록치가 않은 현실이다. 사실 남들을 웃기는 것보다 육아가 더 힘든 것 같다.

아빠 육아를 열광하는 시대에 나 역시 동참하고자 노력하고 있지만, 늘 아내는 만족스럽지 않게 여긴다. 가끔 군 시절의 고참병 사수 같은 아내와 나를 한시도 가만두지 않는 아이들을 볼 때면 군대에 다시 입대한 것 같은 느낌마저 든다.

사실 아이를 키우고 함께하는 시간은 내 인생에서 가장 보람된 일이며 나중에 돌아봤을 때 가장 의미 있고 소중했던 시간들일 것임은 분명하다. 다른 아빠들도 이 사실을 모두 알고 있다. 그리고 아이들을 정말 사랑하고 아낀다. 하지만 힘이 들 때가 있고, 아내와 아이들은 알지 못할 아빠들만의 부담이라는 게 분명히 있다.

나는 아빠들을 대변하는 지극히 평범한 아빠로서, 현재 육아 전선에 사랑하는 아내와 전쟁을 벌이고 있는 아빠들의 마음을 알리고 싶은 마음에서 글을 쓰기 시작하였다.

내가 쓰는 글은 아이가 태어나서 아이를 위해 희생하고 애쓰는 대한민국의 위대한 엄마들이 아니라, 그 옆에 있는 다른 뇌 구조를 가진 아빠들의 마음에 관한 소리이다.

'EBS 육아 학교'의 김희진! 아내의 입장을 대변하다

– 연애 6개월, 결혼 10년 차 된 두 아들의 엄마

엄마가 해 주는 밥 먹고 열심히 공부해서 무난한 학교 졸업하고, 무난한 직장에 취직해서 무난하게 살아가던 여자. 아버지가 주선해 준 선자리에서 지금의 남편을 만나 불 같은 6개월 연애를 하고 결혼에 골인했고, 허니문 베이비로 첫째 아들을 가졌다.

그전까지는 정말 단 한 번도 그 누구도 육아가 이렇게 힘들고 눈물을 많이 쏟게 하는 일이라는 것을 나에게 말해 주지 않았다. 아니, 말을 하더라도 내 일이 아니라고 지나쳤을지도 모르겠다.

어쨌든 직장을 다니며 아이를 키우면서 늘 "죄송합니다, 고맙습니다, 잘 좀 부탁합니다."를 입에 달고 살았던 것 같다.

데리고 있을 때에는 정신없게 만들던 아이의 울음소리가 남에게 잠깐 맡기고 떼어놓을 때에는 어찌나 가슴을 찢어지게 하는지 모른다. 길을 다니면서 정말 정신 나간 여자처럼 꺼이꺼이 울면서 다녔다.

큰아이가 커가면서 "둘째 낳아야지? 둘째는 언제 낳을 거야?"라고 묻던 사람들에게 꽤나 단호하게 말했다.

"한 명도 너무 벅차게 키워서 엄두가 나질 않아요! 눈물을 너무 많이 흘리고 힘들어서 둘째는 못 낳을 것 같아요."라고.

그러나 예기치 못하게, 둘째에게는 미안하지만 정말 본의 아니게 둘째가 생겼다. 둘째를 낳고 나서는 첫째보다 더 아기가 예쁘게 느껴지던 것 빼고는 힘이 더 들었다. 나이가 들어서인지, 더 일찍 지치고 힘들었다. 그래서 많은 것을 내려놓았다.

첫째가 네 살 정도 될 때까지는 절대로 사탕 따위는 입에도 못 대게 했고, TV도 못 보게 무척 관리했는데, 둘째는 돌 때부터 사탕을 물었던 것 같다. 그래도 큰일 없이 잘 크고 있다.

나름 15년 넘게 교육계에 근무하는 육아 교육 전문가였지만 힘이 들었다. 그렇게 해야 한다고 알고 있는 것과 그렇게 되지 않는 것 사이에서 꽤나 고민하고 지쳤다. 지금 이 순간에도 육아에 지쳐 있을 안쓰러운 후배 맘들에게 "괜찮다, 누구나 다 그렇다, 힘을 내라!"고 전해 주고 싶다.

차례 CONTENTS

2 내 아이와 함께하는 집 밖 이야기

돈에 대한 아내와 남편의 진짜 속마음

놀이에 대한 아내와 남편의 진짜 속마음

3 아이를 기르는 아내와 남편의 마음 속 이야기

비교에 대한 아내와 남편의 진짜 속마음

성격에 대한 아내와 남편의 진짜 속마음

양육법에 대한 아내와 남편의 진짜 속마음

★ 사랑받는 남자 현병수의 꿀 팁

아내 사용 설명서 TOP 10

1

내 아이가 자라는

집 안 이야기

★ **잠**에 대한

아내와 남편의 진짜 속마음

아이가 태어난 지 1년

엄마의 속마음

　연애 시절, 내 남편은 정말 나의 수호천사였다. 내가 무거운 가방이라도 들고 있으면 들어 주었고, 항상 집 근처까지 바래다주었다. 사소하게 말했던 것도 가끔은 생각지도 못하게 기억해 두었다가 깜짝 이벤트도 해 주었다. 맛있는 것을 먹으면 항상 내 입에 먼저 넣어 주었고, 내가 졸릴 때에는 어깨도 내주었다. 아, 정말 젠틀했고, 듬직했고, 성실했고, 멋졌다.

　결혼한 지 3년의 시간이 흘렀다.

　아이가 태어나고 집 안에서 내가 할 일은 백 배 많아졌다. 아침에 일어나 세수는커녕 아침밥 먹을 시간도 없어 거르기가 일쑤다. 돌아서면 집안일에 허둥대고, 아기는 하루 종일 징징대며 내 손길을 기다린다.

　하루 중 한 시간도 홀가분한 시간이 없다. 항상 바쁘고 힘들고 슬프다. 하지만 남편은 더 이상 나에게 수호천사가 아니다. 수호천사는커녕 짜증만 나게 하는 사람이다. 내가 힘들어 한다는 것을 당연히 알면서도 바로 옆에 똥 기저귀가 돌아다니면 알아서 좀 버리고, 애가 울면 안아서 달래 주면 좋을 텐데 꼼짝도 하지 않는다.

자기 배고픈 것, 힘든 것, 졸린 것만 생각한다. 밥상을 차려놓으면 맛있는 것만 골라먹고, 내가 아이 때문에 제대로 먹지도 못하는 것을 아는지 모르는지 자기 입에만 음식을 넣느라 정신이 없다. 신혼 때만 해도 이러지는 않았다. 내가 무거운 화분이라도 들면, "내가 들어 줄게." 하며 도와주었다. 하지만 지금은 화분보다 무거워진 아이가 아빠에게 안아 달라고 하면,

"엄마 어디 있어, 엄마? 엄마 저기 있네? 엄마한테 가 볼까?"

하며 나한테 넘긴다.

이렇게 이기적인 놈인 줄 몰랐다. 우리가 언제부터 이렇게 된 걸까? 언제쯤이면 이 고통에서 벗어날까? 사랑스러운 내 아이지만, 독박 육

아는 정말 끔찍스럽게 힘들다.

하루 종일 남편 오는 시간만 기다렸는데, 일찍 온다는 말이나 말지, 오늘도 늦는다. 완전 희망 고문이 따로 없다. 늦게 들어와도 알아서 집안일도 좀 하고 애도 좀 봐 주면 좋을 텐데, 밥을 먹고 스마트폰을 보며 침대에 벌러덩 드러누워 버린다. 소리를 지르고 시켜야 겨우 한두 가지 일을 하고, 생색은 또 엄청나게 낸다.

그런 남편이 오늘 나에게 말했다. 자기가 집에 들어오면 웃어 달라고!

여러분이라면 뭐라고 대답할 텐가?

난 "지랄"이라고 답했다.

"GR"

남편이 깜짝 놀라 되물었다.

"뭐라고?"

남편한테 처음 내뱉은 욕이다. 나도 움찔했지만 화는 가라앉지 않는다.

아이가 태어난 지 1년

아빠의 속마음

　연애 시절, 내 아내는 정말 나의 미소천사였다. 나를 바라보는 그녀의 아름다운 미소는 나를 녹이기에 충분했었고, 가녀린 모습들은 마치 바람이라도 세게 불면 날아갈 정도로 연약해 보였다. 그런 그녀를 나는 책임감을 갖고 낮이든 밤이든 곁에서 반드시 지켜야 했다. 더구나 그녀가 내게 건넨 따뜻한 말 한 마디 속에 울려 퍼지는 가녀린 목소리는 나를 감동시키기에 충분했었다.

　아, 정말 아름다웠고, 예뻤고, 귀여웠고, 사랑스러웠다. 그리고 결혼한 지 3년의 시간이 흘렀다.

　아이가 태어난 후 나의 존재감은 점점 가벼워졌고, 가장이 짊어져야 할 무게는 100배 더 무거워졌다. 아침에 일어나 허겁지겁 출근을 하며 고된 하루를 마치고 집으로 다시 돌아오면 아내는 내가 못마땅한지 매일 잔소리만 늘어놓는다.

　집에 있는 하루 중 단 한 시간도 눈치를 안 보며 쉴 수 있는 시간이 없다. 아내는 더 이상 나에게 미소천사가 아니다. 미소천사는커녕 미친 듯이 짜증만 내는 미친(?) 천사이다.

예전에 연약했던 모습들은 점점 세고 강한 모습으로 변했고, 가냘팠던 목소리는 점점 더 커지고 시끄러워졌다. 그리고 나를 보며 따뜻하게 건넸던 한 마디 말들은 동상에 걸리고 입이 돌아갈 정도로 차가워졌다. 차가운 음식을 먹으면 머리가 띵해지듯이, 아내의 차가운 말 한 마디 역시 내 머리를 띵하게 만들었다.

어느 날 내가 집에서 힘들다고 했더니 쯧쯧거리며 나약한 남자라고 비꼬았다. 배고프다고 했더니 아이부터 먹여야 한다며 나는 뒷전이었다. 그리고 졸립다고 했더니 저질 체력이라면서 내가 잘 때가 제일 꼴보기 싫다고 했다. 하지만 나는 아내가 잠을 잘 때 너무 귀엽고 사랑스럽다. 왜냐하면 말없이 가만히 있어 주니까.

참 알다가도 모를 일이다. 나는 이렇게 무서울 줄 몰랐다. 우리가 언제부터 이렇게 된 걸까? 언제쯤이면 예전으로 다시 돌아갈 수 있을까? 시간이 얼마 흐르지 않았는데 ……. 편도가 아니라 왕복이었으면 좋겠다.

하루 종일 넘치는 업무에 요즘은 야근까지 일상이 되어 지쳐서 집에 들어가면 왠지 죄를 지은 듯하다. 우리 가족을 먹여 살리기 위해 악착같이 일하고 왔는데, 왜 늦었냐고 물으면 사실 할 말이 없다. 냉랭한 표정을 보노라면 남처럼 느껴질 때도 있다. 끼니도 제대로 못 챙겨 먹고 들어와서 애들 깰까 봐 조용히 눈칫밥을 차려 먹고 이제야 좀 쉬겠거니 하며 아내 옆에서 조심조심 드러누우려고 하면 옆에서 느껴지는 싸늘한 기운에 온몸이 얼어붙고 만다.

예전의 미소천사가 정말 그립다. 그래서 아내에게 용기를 내어 한 마디 했다.

"나 집에 들어올 때 좀 웃어 주면 안 돼?"

갑자기 생각지도 못한 단어가 내 귀에 정확히 들린다.

"GR"

나는 정확히 들었지만 정말 예상치 못한 두 글자였기 때문에 한번 더 확인할 수밖에 없었다.

"뭐라고?"

"……"

이후 나는 아내의 대답을 들을 수가 없었다.

우리는 예전의 모습을 그리워하고 비교합니다.

하지만 세상의 모든 것은 변합니다. 사람뿐만 아니라 식물도 변합니다. 심지어는 마음과 생명이 없는 물건들도 시간이 지나면 낡고 빛바래져 갑니다.

아내의 변화와 남편의 변화에 왜 달라졌냐고 불평하고, 다시 되돌아오라고 요구하기 전에 나는 변하지 않았는지 한번 되돌아보면 어떨까요?

아내에게 또는 남편에게 나는 처음 만났을 때처럼, 결혼하기 전처럼, 신혼 때처럼 행동하고 말하고 아껴 주고 있나요?

상대방의 변화에 한탄하고 슬퍼할 것이 아니라, 내가 변한 것처럼 그대로를 받아들이고 이해해 주어야 합니다.

내 남편과 내 아내를 위해 돈을 벌어 오고 밥을 해 주고, 내 아이를 기르느라 변했습니다.

오늘도 우리 가정을 위해 헌신적으로 노력했을 남편과 아내, 서로를 꼭 안아 주세요. 그리고 이렇게 말하면 어떨까요?

"지금 이대로의 모습이 참 아름다워요. 고맙고 사랑해."라고 말입니다.

귀신 같은 아내

아빠의 속마음

    늘 아내는 나에게 입버릇처럼 잠이 부족하기 때문에 잠 한번 원 없이 자 보는 게 소원이라고 말한다. 오늘도 야근을 마치고 집에 들어왔다. 깊은 밤인데 아내는 나를 기다려서인지 피곤한 눈을 하고 거실에 있었다. 부스스한 머리나 옷차림, 그리고 멍한 표정으로 보아 오늘도 아내는 아이들과 씨름을 한 것 같아 짠하기 그지없다. 아무 말 없이 나를 한번 힐끗 보고는 거실 소파에 쪼그리고 앉아 스마트폰을 멍하게 보고 있는 아내에게 나름 위로의 말 한 마디를 건넸다.

"마누라, 오늘도 고생했네."

    역시 아내는 아무런 대답이 없다. 방에 들어와서 옷을 갈아입고 간단히 씻고 하다 보니 졸려 어느 순간 나도 모르게 잠이 들었다. 내가 나의 코 고는 소리에 놀라 잠이 깼다. 잠결에 눈을 뜨니 아내는 내 옆에 없었다. 새벽인 것 같은데 시간이 얼마나 흘렀는지 모른다.

    소변이 마려워 화장실을 가기 위해 거실로 나갔다. 어두운 거실 한쪽에서 도깨비불 같은 불빛이 보인다. 그리고 아내는 충혈된 눈으로 여전히 스마트폰을 보고 있다.

어이쿠 깜짝이야! 진실로 말하건대 잠결에 보고 귀신인 줄 알았다. 간이 철렁했다. 아내는 스마트폰만 켠 채 피곤한 눈으로 또 거실에 앉아 있었다. 조금 당황스러웠지만 아내에게 이렇게 말했다.

"아직 안 자고 뭐해, 얼른 자!"

하지만 화장실을 갔다가 다시 나왔는데도 아내는 피곤한 눈으로 계속 거실에 있었다. 도저히 이해가 되지 않았다. 아내는 평소에 누누이 나에게 말했다.

"피곤해, 피곤해, 너무 피곤해."

"정말 원 없이 한번 자 보고 싶어."

"아이가 태어난 뒤로 제대로 자 본 적이 별로 없는 것 같아."

늘 입버릇처럼 잠이 부족하다는 사람이 남들 다 자는 시간에 귀신처럼 혼자 있는 이유는 뭘까? 도대체 뭘 하겠다는 의도인가?

귀신 같은 새벽녘의 아내, 나는 아내를 이해할 수가 없다.

내가 귀신이 된 이유

엄마의 속마음

아이가 태어난 후 나도 모르게 입버릇처럼 하는 바람이 있다.

"잠 한번 원 없이 자 봤으면 ……."

정말 원 없이는 아니더라도 깨지 않고 맘 편히 딱 네 시간만 자도 머리가 개운할 것 같다.

중간중간 토막잠을 자다가 아침을 시작하려면 노곤하고 뻐근한 몸과 깨질 듯한 두통, 어찌할 수 없는 무력감과 피로감이 내 몸을 한껏 감싼다.

"아이고 허리야, 아이고 내 팔자야!"

밤 11시, 하루 종일 아이 웃음소리, 울음소리, 장난감 속 동요 소리들로 북적이던 집이 드디어 조용해졌다. 아이가 잠이 든 것이다. 옆에서 아이를 토닥이며 같이 자는 척을 하다가 깊은 잠에 빠진 아이의 숨소리를 확인하고 나서야 살짝 방을 나온다.

밤 11시 20분, 나만의 온전한, 유일한 자유 시간! 적어도 아이는 세 시간 정도는 푹 잘 것이다. 이 고요하고 거룩한 자유의 시간을 얼마나 기다려 왔는지 모르겠다. 여전히 나른하고 피곤한 몸, 하품이 연신 나오지만 하루 종일 기다린 이 자유의 시간을 그냥 잠만 자기에는 너무너무 아쉽다.

거실 소파에 앉아 스마트폰으로 자주 가는 동네 '어뭉들(어머니들)' 카페에 접속을 한다.

'어머, 오늘 대박 사이트에서 쿠폰을 뿌렸구나? 아, 아깝네.'

'어떤 엄마가 집에서 타는 말 장난감과 블록을 무료로 받았대? 우와, 사진을 보니 거의 새것이네. 일찍 봤더라면 나에게 달라고 댓글 달았을 텐데. 벌써 다른 사람이 발 빠르게 댓글을 달아서 받았구나?'

'어머머, 짜장면 사진이네. 아, 나도 중국집에 가서 짜장면 한 그릇 먹고 싶다.'

정말 글을 읽다 보면 희로애락의 모든 감정과 꿀재미가 느껴진다. 다음은 연예인들 인터넷 기사이다. 한참 보고 있는데, 야근을 마친 남편이 돌아왔다.

지친 듯한 표정의 남편이 나를 보고 "마누라, 오늘도 고생했네."라고 말을 하며 방으로 들어갔다. 남편이 들어간 뒤 나는 고민에 빠졌다. 드라마 하나를 다시보기로 보고 잘까 말까 하는 고민이다. 새벽 1시가 다 되어 가는데, 지금부터 보기 시작하면 최소 2시에나 잠자리에 들 수 있을 텐데, 너무 늦게 자는 건 아닐까? 내일의 육아 에너지를 위해서 잠을 좀 자 두어야 한다.

그런데 이 자유가 너무너무 좋다. 어찌할까? 고민을 거듭하다가 끝내

드라마를 보기로 했다. 한참 푹 빠져서 보고 있는데, 남편이 자다가 화장실에 가려는지 거실로 나왔다. 나를 보더니 흠칫 놀란 눈치다.

"아직 자지 않고 뭐 해, 얼른 자!"

잠에 취한 남편 말이 내 귀에 들어올 리 만무하다. 드라마 다시보기에 심취한 나는 "일찍 자야지, 뭐 하는 거야? 내일 애 안 봐? 맨날 잠이 부족하다면서 빨리 자야 할 것 아냐!"라는 남편의 폭풍 잔소리에도 눈은 여전히 드라마를 보고 있다. 그러나 연신 하품을 한다. 또 연신 '내일 졸리면 어떡하지?'라고 걱정을 한다.

신혼 때 연약하고 아기 같던 아내는 엄마가 되면서 이것저것 척척 많은 일을 해냅니다.

'엄마가 되었으니 다들 변하는구나.'라고 생각하며 남편은 당연한 일인 듯 받아들입니다. 하지만 그것 아세요? 아이를 위해 모성애를 발휘하며 이것저것 척척 일을 해내는 아내는 사실은 늘 여자이던 시절로 돌아가고 싶어 한다는 것을 말이지요.

아가씨 때처럼 대학로도 거닐어 보고 싶어 하고, 영화도 보고 싶어 하고, 예쁜 스카프도 사고 싶어 합니다. 졸리면 자고, 배고프면 먹고, 친구들과 전화로 밤새 수다도 떨고 싶어 합니다. 마음이 답답하면 마음대로 외출하고 바람도 쐬고 싶어 합니다. 자유롭던 그리고 보호받던 여자의 시절로 돌아가고 싶어 합니다.

하지만 남편과 이룬 가정을 위해, 소중한 아이를 위해 아내는 오늘도 그 마음을 참고 엄마로 살아갑니다.

하루 종일 육아에 시달리다가 아이가 잠든 꿀 같은 자유 시간, 잠을 아껴 가면서까지 그 시간을 기다리는 아내에게 남편이 시간을 선물해 주세요.

아이를 유모차에 태우고 동네를 산책하거나 아이의 장난감에 함께 이름을 붙이고 놀아 주면서, 혼자 자유롭게 쉴 수 있는 아내만의 자유 시간을 선물해 주세요.

잠, 잠, 그 죽일 놈의 잠

일요일 오후, 지쳐 쓰러져 자다가 부스스 일어난 날 보고 아내가 물었다.

"당신은 잠이 중요해, 우리가 중요해?"

이건 도대체 무슨 소리인가?

"당연히 가족이 중요하지."

질문 자체가 웃긴다. 그러자 아내는 중요한 가족을 팽개쳐 두고 왜 잠만 자냐고 반문한다. 왜 잠을 자냐고? 정확한 이유를 알려줄까? 이유는 매우 간단하다.

"졸려서 잔다."

그런 나에게 아내는 부성애가 없다고 말한다. 아내는 자기도 졸리는데 꾹 참고 있다고 말한다. 남편들은 아내가 잠을 잘 때가 참 예쁘다고 생각하는데, 아내들은 남편이 잠을 잘 때가 참으로 싫은가 보다. 아내는 내가 잠을 이기기를 바라지만 일상이 고달픈 나는 늘상 잠에게 지고 만다.

사실 나는 조금 더 일찍 일어나 집안일을 거든 후에 출근을 하였다.

하지만 충분히 수면을 취하지 못한 채 이렇게 출근을 하면 너무 나른하고 피곤해서 일을 잘 하지 못한다. 항상 지쳐 있어서 툭하면 입술이 헐곤 한다. 보는 사람마다 잠을 못 잤냐며 한 소리씩 하고 지나간다. 특히 직업의 특성상 늘 에너지가 넘쳐 있는 상태가 되어 있어야 하는데도 말이다. 나는 이 말을 들을 때가 제일 화가 난다.

"피곤해 보이세요."

피곤하지 않은 척했는데도 눈은 풀리고, 연신 하품을 한다. 무슨 일이 주어져도 하고자 하는 의욕이 떨어진다. 이렇듯 하루가 너무 힘들다.

휴일에는 잠이 더 온다. 그렇게 자고 나면 새벽에는 또 불면증에 시달린다. 그리고 낮에는 잠이 주르륵 쏟아진다. 주로 아이가 낮잠을 자다 깼을 때, 즉 내 도움이 가장 필요한 순간에 또 잠이 온다.

진심으로 아내에게 그리고 내 아이에게 말하고 싶다.

"그냥 자기 위해서 자는 게 아니고, 가족이 중요하지 않아서 자는 게 아니라, 정말 피곤해서 자는 거야."

내 아이가 자라는 집 안 이야기

잠, 잠, 그 죽일 놈의 잠

엄마의 속마음

남편에게 물었다.

"당신은 잠이 중요해, 우리가 중요해?"

"당연히 가족이 중요하지."

말은 참 잘한다. 입으로는 잠 따위를 어떻게 귀한 아이들이나 부인과 비교할 수 있겠냐고 말하지만 문제는 행동과 말이 완전히 다르다는 것이다.

가족이 중요하다고 말해 놓고서도 아이가 울거나 놀아 달라고 애타게 말을 걸어도 정신없이 잠만 자고 있다.

나도 졸리다. 나는 남편보다 더 졸리다. 눈 뜨는 순간부터 아이한테 시달리고, 잠을 자는 중간중간에도 깊은 잠을 못 자고 시달린다. 매일 멍하고 졸리지만 아이를 위해서 참는다. 졸리다가도 애가 우는 소리가 들리면 정신이 번쩍 난다.

나는 남편이 잘 때가 가장 싫다. 밤에 잠을 자지 않는 것도 아니고,

그 정도면 나보다 세 배는 더 자는데도 오전 내내 잠에 푹 빠져 있다. 오후에도 툭하면 졸고 비몽사몽이다. 제발 좀 일어났으면 좋겠는데 오늘도 남편이 잠을 잔다.

눈물이 났다. 자는 남편을 신경질적으로 일으켜 세우고 하소연을 했다. 아이들도 아빠한테 매달리며 놀아 달라고 졸라댔다. 부성애가 아주 없지는 않나 보다. 남편이 세수를 쓱싹하더니 아이들과 놀아 주고, 쓰레기 봉투도 가져다 버리는 등 집안일을 돕기 시작했다. 그래, 바로 저 모습이다. 잠은 잘수록 늘어난다. 저렇게 정신 바짝 차리고 자신이 줄이겠다고 생각하면 줄일 수 있는 게 잠이다. 남편이 조금만 도와주어도 한결 살 것 같다. 매일 오늘만 같았으면 …….

하지만 출근하고 되돌아온 남편은 화가 난 듯 불평불만을 잔뜩 풀어놓는다.

"아, 도대체 일을 할 수가 없잖아. 제대로 못 자고 일하러 가면 하루 종일 힘들고, 일에 집중할 수가 없단 말이야."

어이가 없다. 예전에 밤새도록 술 마시고 다음날 출근해서 일하던 그 체력은 도대체 어디로 갔단 말인가? 술 마시고 놀러 다닐 때는 멀쩡하던 체력이 아이들을 조금 돌보아 주고 집안일을 조금 하면 왜 금방 바닥이 난단 말인가?

휴일에 잠만 자는 남편을 보면 대부분의 아내는 답답해하고, 화를 내기 일쑤입니다.

나의 발을 꽉 밟고도, 사과 한 마디 없이 뻔뻔스럽게 지나가는 사람을 보았을 때처럼, 집 들이 손님이 다녀간 후, 산처럼 쌓인 설거지 감을 보았을 때처럼 화가 나고, 얄밉고, 억울 한 마음이 들 것입니다.

왜냐하면, 신기하게도 육아에 지칠 때 자고 있는 남편을 보면, 깊은 물속에 아내만 팽 개쳐 놓고 자기만 살겠다고 헤엄쳐 나가는 사람처럼 보이거든요. 내가 고생하는 것과 아 이들이 심심해하는 것쯤은 아랑곳하지 않고, 그냥 자신의 몸만 챙기는 이기적인 사람으로 보입니다.

하지만 결혼 전에 데이트를 할 때나 신혼일 때, 남편이 살포시 잠이 든 모습을 본 적이 있나요? 영화관에서 나의 어깨에 기대고 살포시 잠들었을 때, 신혼 여행지에서 새벽녘 단 꿈에 빠진 남편의 얼굴을 보았을 때를 떠올려 보세요.

그때 내 얼굴에 번지던 온화한 미소도 함께 떠올려 보세요.

남편은 아내가 힘들어하는 게 눈에 보이지 않아서, 아이들과 노는 것을 중요하게 생각 하지 않아서 잠을 자는 것이 아닙니다. 정말 잠이 필요한 것일 수도 있습니다. 힘들고 눈물 나게 화가 나지만 한 번만 꾹 참고 이해해 봅시다. 남편이 개운하게 자고 일어날 때까지 배 려하며 기다려 봅시다.

몸 컨디션이 회복되면 일등 남편으로 돌아와 아이들과 놀아 주고 집안일도 도와줄 겁 니다.

아이가 태어나고 줄어든 것

엄마의 속마음

첫째, 돈

수유 쿠션에서부터 태아 보험비, 산후 조리원비, 기저귀, 유모차 구입
등 돈이 들어갈 곳이 너무 많다. 게다가 가격이 정말 엄청나게 비싸다.
하루하루 아이가 커 갈수록 돈이 줄어든다.

둘째, 잠

잠은 저절로 줄어든 것이 아니라 줄여야만 하는 것이다. 산후 조리원
을 나온 이후로 제대로 자 본 적이 없다. 낮에는 물론이고 밤에도 수
유하느라 또 우리 아기를 안아 주느라 잠을 두 시간 이상 편하게 자 본
기억이 없다.

셋째, 정(情)

피곤하고 힘이 드니 남편에게 있던 정이란 정은 모두 사라진 것 같다. 남편만 봐도 화가 난다. 자면서 내는 숨소리도, 김치를 씹어 먹을 때 내는 '아삭아삭' 하는 소리도, 심지어는 거실을 걸어 다니는 발소리에도 짜증이 난다.

아이가 태어나고 줄어드는 돈, 잠, 정 중에서 제일은 잠이다.

잠을 자야 좀 사람이 살지 않겠는가.

아이가 태어나고 줄어든 것

아빠의 속마음

첫째, 돈

통장에 돈이 없다. 어느덧 식구가 하나씩 늘면서 살림이 늘어나고, 자연스레 집 평수도 조금은 늘려야 했다. 가족을 데리고 다닐 차도 있어야 해서 결국 은행에서 돈을 더 빌려야 했기 때문에 내야 할 이자도 많아졌다. 한 명의 아이를 키우기 위해서 투자해야 할 것들이 왜 이렇게 많은지 ……. 육아는 결국 돈이 하는 것 같다.

둘째, 체력

하루하루 시간이 지날수록 나의 체력이 줄어드는 게 느껴진다. 틈틈이 장어를 먹고, 흑마늘 진액을 먹어 봐도 육아는 힘에 부친다. 체력이 급격히 떨어졌다.

특히 쉬는 날이면 아이는 이리저리 쫓아다니면서 해 달라는 것도 많고, 어질러 놓은 것도 많아 금세 하루가 가 버린다. 이러니 쉬는 날 업무를 위해 충전을 하는 게 아니라 방전이 되기 일쑤다.

셋째, 대화

피곤하고 힘이 드니 아내와 나누던 대화가 줄어들었다. 아내의 이런
저런 이야기들이 내 비즈니스에 비하면 굉장히 사소하게 느껴지기도 하
고, 계속 반복되는 똑같은 레퍼토리에 나는 대꾸할 힘마저 잃어버린다.
이런 나를 바라보는 아내는 결국 부부싸움을 걸 자세다.

🦋 | 힐링 메시지 | 시간이 지나며 줄어든 것보다 늘어난 것이 더 많다

몸무게도 늘어났고, 허리둘레도 늘어났습니다. 아이들 장난감도 늘어났고, 요리 실력도
늘어났습니다. 또 아이를 키우다 보니 예전에 비해 푸근한 마음이 생겼고, 아이에 대한 사
랑도 늘어났습니다. 무엇보다 내 가정에 대한 책임감, 애착도 늘어났지요.

당신의 모성애, 부성애도 하루하루 늘어가고 있습니다. 아이와 함께하는 세상, 한 번은
도전해 볼 만한 멋지고 아름다운 세상입니다.

아이가 태어나고 늘어난 것

엄마의 속마음

첫째, 능력

아이 목욕시키기, 이유식 만들기, 집안 살림을 하는 데 하루 종일 짬없이 수많은 일을 수행하고 있다. 하루에도 무한대로 배출되는 쓰레기와 나의 손을 기다리는 일거리 때문에 깔끔을 떨고 단정한 외모를 중시하던 내가, 이제는 늘어난 운동복 바지에 고무줄 하나로 질끈 동여맨 헤어스타일을 고수하게 되었다. 아니, 내가 이렇게 멀티 능력을 가진여자였단 말인가?

둘째, 미소

아이가 태어나서 짜증을 부리고 울기도 하여 힘들고 지치지만 언젠가부터 내 얼굴에 엄마의 미소가 생겼다. 일부러 짓는 게 아니라 내 아이의 하품하는 모습, 자는 모습, 뭐라뭐라 옹알이하는 모습, 웃는 모습, 찡그리거나 갸우뚱하는 표정 등을 보노라면 나도 모르게 천사 같은 미소를 짓고 있다. 불시에 또는 우연히 찍힌 사진 속에서 발견한 나의 환한 미소, 바로 엄마의 미소이다.

셋째, 세상의 모든 아이에 대한 애정

어린이집에서 학대를 당한 아이의 기사를 읽거나 어른들의 부주의나 실수로 상처받은 아이들의 이야기를 접하면 분노가 치민다. 그 아이가 내 아이와 같은 또래일 경우 그 공감대는 상상 이상이다. 작고 여린 내 아이의 모습이 겹쳐지면서 '어머, 이 작고 어린애한테 무슨 짓을 한 거야?'라는 생각에서부터 시작하여 나의 하루는 알 수 없는 적대감과 분노, 아이에 대한 연민으로 사로잡히게 된다.

아이가 태어나고 늘어난 것

아빠의 속마음

첫째, 돈 걱정

수유 쿠션에서부터 태아 보험비, 산후 조리원비, 기저귀, 유모차 구입 등 돈이 들어갈 곳이 많다. 이들을 사기 위해서는 돈을 벌어야 하기 때문에, 심지어 하나의 직업도 제대로 해내지 못하면서 투잡(two job)까지 생각해 보기도 한다. 밤에 잠든 아이의 얼굴을 보노라면 어깨가 점점 더 무거워지면서 돈 걱정을 저절로 하게 된다. 잘 키워야 하는데, 나만 믿고 있는 아내와 아이를 위해 더 많은 노력을 하여 남부럽지 않은 가장이 되고 싶다. 그런 생각을 하다 보니 돈을 많이 벌 수 있는 일에 더 큰 관심이 생겼다. '주식을 해 볼까?'라는 생각도 해 본다.

둘째, 잠

주야간 근무에 시달리는 나로서는 영양 보충식보다 잠이 보약이다. 잠을 충분히 자지 않으면 업무에 방해가 될 뿐만 아니라 성격적인 장애까지 생긴다. 아이가 태어나면서부터 우리 부부는 잠 때문에 많은 갈등을 겪었다. 나와 아내 모두 제대로 자지 못하여 피곤하니까 성격이 날카로워지고 서로에게 불만이 쌓여 싸우는 경우가 많아졌다. 하지만 시간이 갈수록 저질적으로 변해 가는 원망스러운 체력에 그나마 위안이 되어 줄 만한 이것, 잠만은 절대 양보할 수 없다.

셋째, 정

아이가 태어났어도 아내가 우선순위임은 변함이 없다. 아내는 나까지 합해서 아이 셋을 키운다고 푸념을 늘어놓는다. 나는 간혹 아내에게서 나에 대한 정이 점점 사라지는 것 같은 느낌을 받는다. 유치하게도 점점 아이에게 밀리는 사랑에 가끔은 질투를 느끼기도 한다. 언제부터인가 집 안은 아이 위주의 물건들로 꽉 차고, 대화는 점점 줄어들고 갈등이 늘어난 것 같다. 가끔 아이 물건으로 가득 찬 집 안을 볼 때면 점점 더 집안에서 설 곳이 없는 나와 같다는 느낌이 들어 서글프기도 하다.

그러나 나의 분신인 아이가 태어나고, 자라고, 그 아이를 건강하게 기르는 내 아내를 볼 때마다 아내에 대한 애정이 새록새록 늘어나는 것을 새삼 느낄 수 있다.

줄어든 것보다 그나마 늘어나서 다행입니다. 이렇게 늘어나는 것이 많으니 앞으로 수입도 더 늘어나고, 자가용의 배기량도 늘어나겠지요.

아이들의 키와 몸무게도 더 늘어나고, 나중에 시집, 장가를 가면 사위와 며느리도 늘어나고, 그 후에 손자 손녀도 더 늘어나서 항상 풍족한 가정을 이룰 겁니다.

남편, 네가 있어도 난 네가 그립다

엄마의 속마음

남편은 어젯밤에도 새벽에 들어왔다. 들어왔으면 바로 잠을 자면 되는데, 또 혼자서 놀고 있다. 인터넷을 하고, 늦은 밤에 몸에도 좋지 않은 군것질을 한다.

아침 7시에 해가 뜨면 아이들은 기가 막히게 눈을 뜬다. 잠을 깰 때에도 서서히 깨지 않는다. 눈 뜨는 순간부터 화성으로 발사되는 로켓처럼 에너지가 100퍼센트 충전되어 나를 깨운다.

"엄마, 물!"

"엄마, 쉬!"

"엄마, 일어나요!"

말이라도 하면 다행이다. 아직 말을 떼지 못한 둘째 아이는 눈을 뜨면 무조건 운다. 아이를 달래고 졸린 눈을 비비며 아침을 준비한다. 채소를 썰고, 달걀을 부치고, 국을 끓이고, 밥을 푸고, 가위로 반찬을 잘게 썬다.

아이를 앉히고 밥을 먹이다 보면 아침부터 기운이 쭉 빠진다. 한 숟갈 먹고 돌아다니고, 먹다가 뱉고, 그리고 또 흘린다. 가장 답답한 것은 밥 한 숟갈을 씹지 않고 계속 물고만 있는 것이다.

"냠냠, 얼른 씹어. 빨리 먹어. 꿀꺽 삼켜야 지."

아침 8시에 숟가락을 들고 아이를 쫓아다니며 밥을 먹이고 나면 식탁 위에는 밥알과 떨어진 반찬 등으로 가득하다. 방 안의 남편은 코까지 골며 정신없이 자고 있다.

"그래, 피곤도 하겠지." 조용히 방문을 닫아 준다.

설거지를 하고, 세탁기를 돌려 빨래를 한다. 아이가 똥을 쌌다. 닦고, 씻기고, 옷을 갈아입힌다. 그리고 널브러진 장난감을 정리하고 나니 오전 9시다.

남편이 자고 있는 방문을 살짝 열어 본다. 어쩜, 한 시간이 지났는데도 엎어진 그 자세 그대로 남편은 계속 자고 있다. 주말인데 좀 일어나서 애들도 안아 주고 놀아 주면 좋을 텐데 말이다. 아침부터 해야 할 집안일이 잔뜩 많은데, 아이들은 계속 나를 쫓아다니며 징징거리기 시작한다.

"뽀로로 볼래."

"안 돼!"

"뽀로로 볼래."

"안 돼!"

심심한 아이들은 계속 TV를 보겠다고 졸라 댄다. 슬슬 화가 나기 시작한다.

오전 10시가 되자 아이들이 집 안을 계속 어지르면서 심심하다며 징징거리기 시작한다. 나는 아직 아침도 못 먹고, 세수도 하지 못했다. 아무리 정리를 해도 집 안은 여전히 지저분하고 어수선하다. 일거리가 천지다.

무엇보다 난 너무 피곤하다. 비몽사몽인데다가 힘도 없다. 그런데도 앉아 있을 시간도 없이 애 보고 집안일을 하려니 속에서는 부글부글 분노가 치솟는다. 당연히 그 모든 분노는 남편한테로 가고 있다.

오전 11시가 되었다. 도저히 참지 못하고 나도 모르게 소리를 지른다.

"해도 해도 너무한 거 아니야? 집구석에 들어왔으면 집안일도 좀 하고 애도 좀 보고 그래야지, 죽어라 잠만 자고 말이야. 차라리 들어오지를 말든가!"

남편은 흐리멍텅한 눈을 하며 살짝 일어나는가 싶더니 다시 눕는다. 아이들이 가서 "아빠, 일어나요. 놀아 줘요."라고 졸라 대니 겨우 일어나 앉았다. 그것도 잠시, 5분도 안 되어서 애들이 나온다.

"아빠가 계속 잠만 자요. 안 일어나요."

역시나 엎어져 잠들어 있다. 피곤한 몸, 널브러져서 징징거리는 아이들, 어질러진 집 안에서 혼자 잠만 자고 있는 남편을 보니 짜증이 최고조에 달한다. 엎어져 자는 남편을 내려다보며 소리를 꽥 지른다.

"좀 일어나!"

"지금 몇 신데?"

"12시야!"

"알았어."

"그만 좀 자라고, 나도 졸리고 피곤해. 애들을 좀 봐야 될 거 아냐."

소리를 지르다 보니, 지를수록 분이 풀리기는커녕 더욱 치솟는다. 겨우 일어난 남편은 멍한 눈으로 애들을 보더니 잠시 뒤에 정신을 차리고 하는 말,

"밥 먹었어?"

배가 고프다는 소리다. 속이 터진다.

아내, 네가 있어도 난 네가 그립다

아빠의 속마음

주말에는 아내와 애들하고 같이 지내고 싶다. 지인들한테 "주말에는 시간이 없어."라고 어느 순간부터 그렇게 이야기하고 있음을 아내한테 이야기해 주고 싶다.

쉬는 날, 집에 있으면 아내는 나에게 가사일을 열심히 시킨다. 중간중간 육아일도 시킨다. 잠시 쉬거나 졸기라도 하면 콩쥐의 새엄마보다 더 무섭게 째려보는 것 같다. 휴일이 되면 솔직히 연애할 때처럼 스킨십도 하고 싶다. 그런데 나의 그런 생각들은 실현되기가 어렵다. 예전에는 안으려고 하면 "아잉, 잠깐만. 몰라몰라." 이러면서도 살포시 안기곤 했는데, 지금은 안으려고 하면 정말 미친놈 취급을 한다.

"아이 참, 놓으라고! 뭐하는 짓이지, 정신이 나간 거야?"

민망하고 씁쓸하다. 예전의 '아잉' 하며 웃던 아내가 무척이나 그립다. 아내의 마음을 이해하지 못하는 것도 아니다. 육아에 지쳐 있는 아내를 보노라면 한편으로는 정말 잘 해 줘야겠다는 생각이 들고, 실제로도 육아에 보탬이 되려고 애를 쓰는 편이다.

하지만 그 잔소리! 아, 지금 생각해도 머리 아픈 아내의 그 잔소리를 듣다 보면 아내에 대한 애틋한 마음이나 도와줘야겠다는 생각들이 송두리째 날아가 버리고 머릿속이 하얗게 변해 버리는 것 같다. 그리고 결국은 꼭 말다툼을 하게 된다.

아이가 나에게 "아빠, 물!" "아빠, 밥 주세요." 이러면 나도 내 자식한테 정말 물과 밥을 아낌없이 주고 싶다. 물과 밥을 많이 먹고 더욱더 건강하게 쑥쑥 크길 바라는 마음이다. 하지만 물과 밥을 못 갖다 주면서 내가 주말에 잠을 잘 수밖에 없는 이유는 진짜 체력적으로 힘들기 때문이다. 진짜 솔직히 너무 힘들다. 아내한테 내색을 할 수도 없고, 한다고 해도 그냥 바람 소리처럼 의미 없이 듣고 흘려버리니 하고 싶은 생각도 없다.

정말 생색을 내려는 것이 아니라 밖에 나가서 남의 돈을 번다는 것은 눈물나게 지치고 힘든 일이다. 아내가 아는지 모르는지 모르겠지만, 나는 사실 밖에서 이리저리 치이고 나면 진짜 녹초가 되어 집에 들어온다. 그렇게 집에 오면 아내는 바로 딱 두 마디를 한다.

"왜 이제 와, 끝난 지가 언젠데, 응?"

"몰라, 빨리 와서 애 좀 봐!"

처음부터 그런 건 아니다. 내 아내는 참 다정하고 상냥한 여자였다.

어느 순간부터

"나 안 보고 싶었쪄?"

"오늘도 고생했어, 우리 신랑."

"얼른 저녁 먹어, 배고프지?"

이런 말들이 없어졌다.

신기하게 아이들이 태어나서 난방도 더 따뜻하게 하고, 사람이 많아지니 온기가 가득해야 할 텐데 아내와 나 사이에는 점점 더 냉기만이 가득하다. 아내가 나에게 냉기를 뿜는 이유는 하나이다. 내가 다른 남편에 비해 부성애가 없을 뿐만 아니라, 가정에 관심이 없다고 생각하기 때문이다. 하지만 절대 그렇지 않다. 나는 진심으로 말하건대, 내 아내와 자식들을 사랑한다. 정말 끔찍할 정도로 아끼고 사랑한다.

그런데 현실은 아내랑 점점 멀어져만 가는 듯하다. 나는 나의 진심이 늘 곡해되고 오해되는 듯하여 마음 한구석이 쓰리고 아프다. '잘 해야지, 잘 해야지.' 하면서도 잔소리 한 번 들으면 다시 원 상태로 돌아가는 이 마음에 한숨이 절로 나온다. '이 반복적인 것을 언제까지 해야 하나?'

큰소리로 외치고 싶다.

"여보야, 사랑한다! 그리고 난 당신의 미소와 웃음이 참으로 많이 그립다!"

내가 처음 이 사람과 결혼을 하겠다는 결심을 한 까닭은 아마 함께 있고 싶어서, 그리고 이 사람과 함께라면 평생 행복할 수 있겠다는 생각이 들어서일 겁니다.

혹시 다음과 같은 까닭으로 결혼을 결심한 분이 있나요?

이 사람이 청소를 잘할 것 같아서, 애를 억척스럽게 잘 키울 것 같아서, 주말에 절대 낮잠을 자지 않을 것 같아서, 턱 없이 부족한 생활비를 가져다 줘도 항상 방긋방긋 웃을 것 같아서였다면, 배우자가 아니라, 청소 도우미, 육아 도우미, 불면증 환자, 현실 부적응자를 만나셔야지요.

내가 좋아서 그리고 함께 있고 싶어서, 더 좋은 조건의 사람 만나서 더 행복하게 잘 살 수 있는 사람을 내 옆에 이렇게 붙잡아 놓고서 청소 도우미가 돼라, 육아 도우미가 돼라, 불면증 환자가 돼라, 현실 부적응자가 돼라고 매일 요구하고 화를 낸다면 그것을 행복한 얼굴로 받아들일 사람이 몇이나 될까요? 수많은 인연 중에 당신이 선택한 사람이자, 수많은 인연 중에 당신을 선택한 사람입니다. 아프지 않고 건강한 모습으로 지금처럼 함께 있음에 감사하십시오.

아빠 대표 개그맨 현병수의 속마음

"아이를 키우면서 아이가 가장 예쁘고 사랑스러운 순간들이 언제였습니까?"라는 질문을 받는다면 나는 당연히 "아이와 함께하는 모든 순간들이지요. 아이는 우리 집의 보물입니다. 아빠가 되기 전에는 몰랐는데, 정말 한순간 한순간이 소중하고 행복해요."라고 대답을 할 것이다. 그리고 그렇게 해야 한다. 하지만 가끔 아주 가끔은 진짜로 느끼는 속마음이 다를 때도 있다.

　이것은 나의 진짜 속마음이다.

"아이를 키우면서 아이가 가장 예쁠 때가 언제인가요? 첫째 아이와 둘째 아이별로 예쁜 순간이 다른가요?"

　라고 물어본다면 이렇게 답하고 싶다.

　"첫째 아이, 둘째 아이 모두 가장 예쁜 순간은 똑같습니다. 바로 잠을 잘 때입니다. 그것도 주변의 자잘한 소음에도 아주 깊게, 아주 오래 끄떡없이 줄곧 잘 때 너무너무 예쁩니다."

　라고 말이다.

　곤히 잠든 모습을 보면 어쩜 그리 예쁜지 뭐라 말로 표현할 수가 없다.

Q2

"그렇다면 아이를 키우면서 걱정스럽거나 우려되는 순간은 언제인가요?"

라고 물어본다면 이렇게 답하고 싶다.

"아이가 잠을 안 잘 때입니다. 잠을 안 잘 뿐만 아니라 너무 초롱초롱한 눈빛으로 막강한 에너지를 내뿜어 댈 때는 심히 걱정스럽습니다. 내 체력은 이제 바닥인데, 끝없이 놀아 달라고 보챌 아이를 보면 정말 우려됩니다."

라고 말이다. 아내는 아이와 무조건 제대로 놀아 주라고 말을 한다. 어느 정도 아이와 놀아 주었기 때문에, 이제는 아이가 잠을 좀 자 주면 좋겠는데 안 잘 때에는 왜 이렇게 힘들고 지치는지 정말 걱정스럽다.

Q3

"아이를 키우면서 아이가 가장 기특하고 대견할 때는 언제인가요?"

라고 물어본다면 이렇게 답하고 싶다.

"간단합니다. 이 녀석이 일어나야 하는데 늦게까지 잘 때이지요."

라고 말이다. 왠지 자유 시간이 생긴 것처럼 얼마나 기특하고 대견한지 뭐라 말로 표현할 수가 없다.

Q4

"아이를 키우면서 아이에게 가장 고마웠던 적이 언제인가요?"

라고 물어본다면 이렇게 답하고 싶다.

"내가 밥을 먹는 동안 아이가 잘 때입니다."

라고 말이다. 밥을 먹을 때 아이가 자고 있으면 마음 편히 TV를 보면서 배가 부를 때까지 먹고, 매운 음식, 뜨거운 음식 모두 먹을 수 있어서 아이에게 얼마나 고마운지 모르겠다.

"아이를 키우면서 가장 긴장될 때가 언제인가요?"

라고 물어본다면

"아이가 잠을 자다가 왠지 깰 때가 됐을 때."

라고 답하고 싶다. 이제 곧 자유의 시간이 끝나고 짱짱한 컨디션으로 회복하는 아이를 맞이할 시간에 대한 압박감과 설렘이다. 그리고 그 이면에 깔린 두려움은 엄청나다. 야구 경기를 보면서도 이 경기만 다 보고 나서 깼으면 하는 바람, 라면을 끓여 먹으면서도 이 라면을 국물까지 다 먹고 난 후에 깼으면 하는 바람이 있다. 일어날 시간쯤에 아이가 뒤척이기라도 하면 쓰나미 같은 긴장감이 밀려온다.

"아이를 키우면서 공포심을 느낄 때가 있나요? 있다면 언제인가요?"

라고 물어본다면

"있습니다. 잠에서 깬 아이와 눈이 딱 마주쳤을 때이지요. 와, 하고 귀여운 느낌은 바로 들긴 하지만 이내 공포심으로 바뀝니다."

라고 답하고 싶다. 뭔가 공사 현장에 출근해서 지금부터 하루 종일

벽돌을 날라야 할 것 같은 부담감이랄까? 갑자기 마음의 준비 태세가
갖추어져 있지 않은 상태에서 최고의 컨디션을 가진 아이의 "놀아 줘
요."라는 눈빛과 딱 마주치면 극도의 공포감이 밀려온다.

Q7

"육아를 하면서 영화 같은 반전의 짜릿함을 느끼는 순간이 있었나
요? 그렇다면 언제인가요?"

라고 물어본다면

"분명히 잠에서 깬 듯한 아이와 눈을 동그랗게 마주쳤는데 다시 아이
가 눈을 감고 곤히 자는 모습을 보았을 때입니다."

라고 답하고 싶다.

지금 우리는 육아와의 전쟁을 하고 있다. 이것을 계이름으로 표현한다면 정답은 '레'이다.

'도'를 넘었다. 그리고 '미'치기 직전이다.

엄마의 소원

언제부터인가 엄마가 간절히 원하는 것이 생겼다. 진심으로 간절히 바라고 염원하는 소원이 생긴 것이다.

'아이가 제발 잠을 자 주는 것이다.'

엄마의 후회

아이가 자고 있다. 그런데 고민거리가 생겼다. 자고 있는 아이의 모습이 자꾸 나를 유혹한다.

잠자는 아이의 콧속에서 나름 작지 않은 사이즈의 마른 코딱지가 보이는 것이다. 이걸 빼 줘야 아이가 조금 더 편안하게 잠을 잘 수 있을 것만 같다. 그래서 결심했다. 과감히 빼 주기로 했다.

그런데 빼려고 하면 할수록 마른 코딱지는 아이의 콧속으로 깊숙이 멀어져 간다. 반드시 성공하리라 다짐하고 덩어리 하나를 빼던 찰나, 자던 아이와 눈이 마주쳤다.

왠지 모를 후회가 밀려온다.

오해에 대한
아내와 남편의 진짜 속마음

왕따 아빠

아빠의 속마음

　'아빠'라는 이름은 거대하고 대단하게 느껴졌다. 하지만 내가 진짜 아빠가 된 뒤로는 아빠라는 존재가 무척 가엾게 느껴진다. 아내에게나 아이들에게 있어서 남편이라는 존재는 남의 편인 것 같다.

　아내에게 집 안에서 1순위는 무조건 아이다. 더불어 아이에게 집 안에서 1순위는 무조건 아내다. 둘이 어찌나 친하고 서로를 위하는지 가끔은 살짝 서러운 감정이 들 때도 있다. 그냥 둘이서 좋아만 하면 좋겠는데, 더 속상한 것은 아내의 엄청난 잔소리와 구박이다. 아내의 눈에는 늘 나의 안 좋은 점만 보이나 보다. 인정하고 싶지 않지만 냉정하게 얘기해서 나는 자연스럽게 이 집 안의 왕따이다.

　아이의 밥은 꼬박 꼬박 챙겨주는 엄마가 남편의 밥은 그저 일주일에 단 며칠뿐 ……. 그저 나는 눈칫밥을 먹고 있다. 내가 조금이라도 늦으면 나를 위해 뭔가를 차릴 여력도, 의지도 부족해 보인다.

　가끔은 '도대체 하루 종일 집에서 뭘 하길래 밥도 안 해 놓았을까?'라고 생각한다. 때로는 아이가 먹던 남은 것들을 먹게 되는 경우도 많다. 반면에 아기에게는 1++등급 한우만 먹인다.

어느 날 거실에서 고깃국 냄새가 났다. 나는 아내가 나를 위해 사골이라도 끓여 주는 줄 알고 들뜬 마음에 냄비를 열어 보았다. 고깃국이었다. 한 숟갈 떠먹었는데 싱거웠다. 아내에게 소금을 조금 넣어 먹어야 하느냐 물어봤다가 욕을 얼마나 먹었는지 모르겠다. 이유식 만들 육수라며, 생각 좀 하고 살라고 했다. 먹을 것은 챙겨 주지도 않으면서 집안일은 또 엄청나게 시킨다. 가만히 앉아 있는 꼴을 못 본다. 쓰레기를 분리수거하라, 화장실에 깜빡깜빡하는 전등 좀 고쳐라, 애 좀 데리고 나가서 놀아 줘라, 청소기 돌리고 기저귀 좀 갈아라, 화분에 물을 좀 줘라, 이거 가져와라, 저거 가져다 놔라, 또다시 가지고 와라는 등 집에 있으면 쉴 시간을 별로 주지 않는다.

아빠가 된 뒤로 오랜 취미 생활도 잘 하지 못한다. 결혼 전에는 매주 일요일 축구 경기를 하러 나갔지만, 아이가 태어난 뒤로 그런 일은 감히 상상도 할 수 없는 일이 되어 버렸다. 휴대 전화로 게임을 하면 한심하다고도 한다. 가뜩이나 요즘 '아빠 육아' 예능 프로그램들의 영향으로 아빠들이 주말에 낮잠을 자거나 소파에 누워 TV를 보는 것은 '간 큰' 행동이 되어 버렸다. 발 뻗고 쉬지도 못하는데 마음도 가시방석이 따로 없다.

아내는 하루 종일 내가 오기만 기다리다가도 막상 내 얼굴을 보게 되면 이상하게 짜증이 나나 보다. 육아 스트레스를 풀 곳은 나와 가끔 육아를 도와주시는 장모님뿐인가 보다.

자기가 이렇게 힘든 게 모두가 다 내 탓이라는 생각도 드나 보다. 조금이라도 아이와 놀아 주지 않으면 아이 역시 토라진다. 늦게 들어오거나 전날 밤에 같이 놀아 주지 못한 날 아침에 일어나면 어떤 때에는 인사조차 잘 안 하려고 한다. 나는 이 집 안 왕따인 것 같다는 나의 말에 아내가 한 마디 한다.

"진정한 왕따는 나야."

라고 말하며 자신이 왕따인 까닭을 20분 넘게 장황하게 쏟아 낸다. 듣고 보니 아내가 왕따인 것 같기도 하다. 하지만 나 역시도 왕따라는 생각이 강하게 든다. 우리집은 언제부터 왕따들의 모임이 된 걸까? 한참을 쏟아 낸 아내는 조용히 밥을 차리고는 나에게 와서 먹으라고 했다. 서글펐지만, 아내가 차려준 밥은 대단히 맛있었다.

왕따 엄마

엄마라는 이름은 고귀하고 신비롭게 느껴졌다. 하지만 내가 진짜 엄마가 된 뒤로는 엄마라는 이름이 가장 가엾게 느껴진다.

엄마에게 있어서 1순위는 무조건 아이다. 자기 자신보다 아이를 더 소중하게 여긴다. 아이의 일거수일투족을 옆에서 도와주고 끌어 주고 키워 낸다. 잠도 못 자고, 밥도 잘 못 먹고, 집안일에 힘들어 하지만 아이를 보면 '까르르 까꿍'을 하며 웃어 준다. 자기 옷을 사러 나갔다가도 아이 옷만 바라보고, 자기 화장품을 사러 나갔다가도 아기 용품을 구입하게 된다.

아기가 태어나기 전과 아기가 태어난 후에 벌어다 주는 돈이 똑같아도 아기가 태어나고 나면 화를 낸다. 또 아기가 태어나기 전과 아기가 태어난 후에 퇴근하는 시간이 똑같이 늦어도 아기가 태어나고 나면 더 화를 낸다. 아이가 건강하게 잘 크고 훌륭한 사람이 되려면 돈도 필요하고 아빠의 사랑도 필요하다고 생각하기 때문이다.

어느 날 남편이 말했다.

"난 이 집 안에서 왕따 같아."

어이없지만 친절하게 그렇게 생각한 까닭이 무엇인지 물어봤다. 대답은 더 가관이다.

"애들 밥은 꼬박꼬박 챙겨 주면서 내 밥은 가끔씩 챙겨 주고, 그냥 차려진 것이나 남은 것을 먹으라고 하잖아. 어떤 때는 내가 오는 것을 빤히 알면서 밥도 안 해 놓고 말이야. 애들이 끼니를 놓쳐서 뭘 먹지 못했거나 한 끼 굶어 봐. 엄청 걱정하고 뭐라도 먹이지 못해 안달을 하면서 말이야. 나는 먹든 말든 관심도 없고, 맨날 나한테 일만 시키고, 도와줘도 잘 못한다고 구박만 하잖아."

도대체가 생각이 있는 사람인지 모르겠다. 아빠가 되었으니 나와 함께 힘을 합쳐서 우리 아이를 행복하고 편안하게 기를 생각은 하지 않고 아이랑 비교해서 나한테 더 챙겨 달라는 것인지 무엇인지 도통 알 수가 없다. 어쩌면 그런 생각을 할 수 있다는 것이 웃긴다. 더욱이 그렇게 생각했다고 하더라도 입으로 말을 내뱉은 것 또한 더 웃기는 일이다. 남편에게 말했다.

"이 집 안에서 진정한 왕따는 나야."

그게 무슨 소리냐며 묻는 남편에게 친절하게 알려주었다.

"애를 같이 낳았는데, 온 집안일은 나 혼자 다하잖아. 아이 똥도 치우고, 빨래도 하고, 음식도 만들고, 쓰레기 버리고, 걸레질하고, 애 목욕시키고, 재우고, 눈 뜨자마자 정신없이 온 집안일은 나만 하잖아. 힘들게 만들어 놓은 음식은 애랑 당신이 다 먹고, 나는 남는 거나 먹잖

아. 그러니 나야말로 진짜 왕따지. 그것도 중노동에 시달리는 왕따 말
야."

속사포처럼 쏟아붓는 나의 말에 남편은 어리둥절한 표정을 지었다.
이렇게 힘들게 일하는 내 앞에서 밥투정이 웬말이냐며 또다시 속사포
처럼 하소연을 하려는 순간 남편이 나직이 그리고 차분한 목소리로 한
마디했다.

"미안해."

짧지만 진심이 담긴 말에 나는 기분이 풀어졌다. 그리고 조용히 남편
을 위해 밥을 차리기 시작했다.

🦋 | 힐링 메시지 | 마음속의 왕따

엄마, 아빠가 서로가 왕따라며 고성을 지를 때, 그것을 보고 있는 아이들은 어떤 생각
을 할까요? 아이들이야말로 엄마, 아빠 사이에 끼지 못하는 이방인이라는 생각을 하지 않
았을까요?

세상의 모든 아이들은 싸우는 부모의 모습을 보면, 그 싸움의 원인이 자신 때문일 거라
고 생각한답니다. 그래서 소외감과 죄책감을 느낀다고 해요.

단언하건대, 사랑하는 아빠, 엄마, 아이들로 똘똘 뭉친 우리 집에 왕따란 없습니다.

제발 육아 컴퍼니에서 퇴근하게 해 주세요

아빠의 속마음

오늘은 모처럼 일이 일찍 끝나 서둘러 퇴근을 준비한다. 그런데 빨리 퇴근하고 싶은 마음에 너무 집중해서 일을 한 탓인지 몸이 천근만근이다. 빨리 집에 가서 쉬고 싶다는 마음에 발걸음은 빨라진다.

집에 도착하였다. 가벼운 마음으로 현관 비밀 번호 6자리와 # 버튼을 누른다.

'띡띡띡띡띡띡 띠리릭' 문을 여는 찰나 아내의 목소리가 들린다.

"왔어? 빨랑 와서 잠깐 애 좀 안고 있어 봐!"

"아, 먼저 거기 기저귀 좀 가져다가 갈아 줘."

양말을 벗을 틈도 없이 선수가 교체된다. 내가 "고생했어."라는 살가운 멘트를 바라는 것은 아니다.

"고생하셨는데, 얼른 식사부터 하세요. 당신이 좋아하는 꽃게탕을 끓였어요."라는 공익 광고에나 나올 법한 꿈 같은 문구는 바라지도 않는다. 하지만 적어도 들어와서 숨 좀 돌릴 시간은 필요하다고 본다. 이건 뭐 퇴근을 했는데 또다른 일터에 출근한 기분이다.

이곳은 육아 컴퍼니다.

"이럴 줄 알았으면 아이가 자고 있을 시간에 차에서 조금만 더 쉬고 들어올걸." 하는 얄팍한 생각도 해 본다.

때로는 오늘처럼 고단한 날, "밥은 먹었어?"라고 먼저 물어봤으면 좋았을 거라 생각해 본다. 고생하는 아내에게 이런 말을 바랄 수는 없지만, 그래도 한편으로 씁쓸하고 참으로 외롭다.

내 아이가 자라는 집 안 이야기

제발 육아 컴퍼니에서 퇴근하게 해 주세요

아침 6시

"엄마, 물!"

"응, 응."

부스스 잠결에 일어나 물을 가져다 아이에게 먹인다.

"엄마, 쉬!"

"그래, 화장실 가자."

또 잠결에 아이를 화장실에 데려다주고 도와준다.

아침 7시

아침에 일어나 밥을 푸고, 이유식을 데우고, 국을 끓이고, 상을 차리고, 아이들 옷을 입히며, 남편과 아이들의 묻는 말에 대답해 주느라 정신이 없다.

아침 8시

남편 출근시키고, 첫째 아이를 어린이집에 보낼 준비를 한다. 가방 싸고, 수첩 정리하고, 양말 신기고, 옷 고르고 입히고, 옷을 입히는 데에만 30분은 걸리는 것 같다. 또 밥은 왜 그렇게도 안 먹는지 모르겠다. 밥을 입에만 물고 있는 아이와 실랑이를 벌이느라 제일 지치는 시간이다.

아침 9~10시

첫째 아이를 등원시키고, 둘째 아이 이유식을 먹인다. 기어다니고 뱉어내는 아이를 하인처럼 쫓아다니며 1시간에 걸쳐서 먹인다.

오전 11~12시

어지르고 칭얼대는 아이를 보살피다가 창밖을 내다본다. 햇살이 참 따뜻하고 화사하지만, 나는 육아 컴퍼니에서 나갈 수가 없다.

오후 1~4시

잠깐 잠이 든 둘째 아이를 내려놓고 밀린 집안일을 하기 시작한다. 먼저 세탁기부터 돌리고, 간단히 바닥을 닦고, 아침부터 전쟁을 치르느라 어질러진 식탁을 치우고, 설거지를 하고, 바닥에 돌아다니는 장난감, 기저귀, 온갖 잡다한 물건들을 정리하고 나면 기진맥진해진다. 정신없이 치우고 화장실에 들어가니 남편 칫솔이며, 면도기, 사용한 수건이 어지럽게 널려 있다. 어유, 어른이면 썼던 것은 좀 제자리에 두고 정리하고 가지 ……. 한숨을 쉬며 또 정리를 한다.

오후 5시

큰아이가 돌아온다. 오늘의 2차전이 시작된다. 오자마자 옷을 갈아 입히고, 어린이집 메모를 확인하고, 식판을 꺼내 닦는다. 과일을 깎고 간식이랑 같이 아이에게 준 뒤 얼른 저녁 준비를 한다.

오후 6시

장을 본 지가 엊그제인데 냉장고를 여니, 요리할 만한 재료가 하나도 없다. 할 수 없이 또 달걀 두 개를 꺼내어 부치기 시작한다. 정신없이 저녁 준비를 하는데, 첫째 아이와 둘째 아이가 싸움이 붙었다. 집 안이 떠나가게 울어대는 둘째 아이를 달래며 첫째 아이를 나무란다. 풀이 죽어 구석에 앉아 TV를 보는 큰아이를 보니 또 마음이 짠하다. 가서 달래 주려고 하는데, 달걀이 타고 있다. 아뿔싸!

오후 7시

음식을 가지고 장난치며 안 먹는다는 첫째 아이와 칭얼대는 둘째 아이를 데리고 밥을 먹인다. 나는 언제 밥을 먹었는지도 모르겠다. 숟가락으로 밥을 퍼서 먹이고, 생선도 먹기 좋게 살만 발라내서 먹인다. 김치도 작게 잘라 밥 위에 올려주며, 아이의 옆에 앉아 열심히 밥을 먹인다. 물을 달라는 아이에게 물을 주기 위해 일어서는데 둘째 아이가 울기 시작한다. 보니까 기저귀를 갈아 줘야겠다. 어떤 것을 먼저 해야 하나 망설이고 있는데, '띡띡띡띡띡띡 띠리릭' 현관문이 열리는 반가운 소리가 들린다. 남편이다!

오늘 오랜만에 일찍 왔나 보다. 구세주가 온 것 같다.

"왔어? 빨리 와서 잠깐 애 좀 안고 있어 봐."

"아, 맞다. 둘째 아이 기저귀를 먼저 갈아야 한다. 먼저 거기 기저귀 좀 가져다가 갈아 줘."

남편의 표정이 좋지 않다. 하지만 나는 남편의 표정을 살필 여력이 없다. 첫째 아이에게 지금 당장 물을 가져다 주어야 하고 나머지 밥을 먹여야 한다. 그리고 둘째 아이도 이유식을 먹여야 하고, 또 뒷정리를 해야 한다. 눈 뜨고 나서 현재 꼬박 열세 시간 동안 일을 했는데도 더 남아 있다.

아이들이 잠들 때까지 나는 계속 육아 컴퍼니에서 근무를 해야 한다. 새벽녘이 되어서야 잠깐 지쳐 쓰러져 잠들 수 있겠지. 내일 아침 6시가 되면 또다시 아이의 "엄마, 물!"이라는 소리와 함께 육아 컴퍼니에 출근해 하루 일과를 시작해야 한다.

언제쯤 육아 컴퍼니에서 퇴근할 수 있을까?

🦋 | 힐링 메시지 | 다 같이 퇴근하세요

육아 컴퍼니의 직원들 모두 모여 야유회를 떠나 볼까요? 아니면 맛있는 고기가 있는 음식점으로 가서 단체 회식을 해 볼까요?

지금 당장 육아 컴퍼니에서 퇴근시켜 달라고 소리 지를 것이 아니라, 아이와 남편, 아내 모두 손을 맞잡고 퇴근하세요.

아내가 나를 죽이려 한다

아빠의 속마음

 01

어제 술을 먹고 늦게 들어왔다. 그런데 아침에 눈치를 보며 일어났는데 밥상 위에 밥과 해장국, 그리고 반찬들이 정성스럽게 차려져 있었다. 나는 너무 깜짝 놀랐다. 왜 이러지? 설마, 심장 마비를 일으켜 나를 죽일 셈인가?

02

아내가 나에게 갑자기 이런 말을 한다. "그래도 내가 당신 사랑하는 거 알지?" 그런데 갑자기 등골이 오싹해지는 까닭은 무엇일까? 나의 굳어 버린 반응이 재미있는지 아내는 한 마디를 더한다.

"힘내, 우리 집의 든든한 가장! 나와 아이들은 당신밖에 없어." 오늘 내가 잠에서 깬 뒤에 평소와 다르게 한 일이 무엇인지 떠올려 보지만 아무것도 없다. 유난스럽게 저런 말을 들을 만한 일을 한 것이 전혀 없다. 오히려 아침 먹은 그릇 그대로 식탁에 놓고, 샤워를 하느라 화장실을 물바다로 만들어 놔서 욕을 더 먹었어야 하는 날이다. 하지만 욕은 커녕 아내는 미소를 띠며 평소에 안 하던 행동과 말을 하고 있다.

정말 그 까닭이 무엇일지 너무나도 궁금해서 "여보! 갑자기 왜 이래?"라고 물어보았다. 하지만 아내는 의미심장한 미소만 지을 뿐 아무런 대답을 하지 않고 마냥 눈웃음을 친다. 궁금해 미치겠다. 나한테 왜 이러는 거지? 설마, 궁금하게 만들어서 나를 죽일 셈인가?

아내가 밥상을 차려 놓았다. 식탁에 반찬들을 보니 평소에 먹어 보지 못한 반찬들이 즐비하다. 진짜 내가 좋아하는 잡채, 불고기, 고등어조림까지 진수성찬이다.

"여보, 많이 먹어! 먹는 게 최고야!" 다정한 말까지 하며 나를 바라본다. 심지어 나의 숟가락에 이것저것 음식들을 올려 주기까지 한다. 이 여자가 왜 이러지? 설마, 나를 배 터지게 해서 죽일 셈인가?

주말에 친구들과 약속을 잡았다. 단단히 욕을 먹을 각오로 용기를 내서 아내에게 친구들을 좀 만나고 오겠다고 했다. 그런데 전혀 예상하지 못한 반응이 나왔다. 친절하고 상냥하게 "자기야, 술 조금만 먹고 일찍 들어와!"라고 한다.

아내는 현관문 앞에까지 나와 아이들을 불러 세운다. "애들아! 아빠,

주말에 술 드시러 가시는데 인사해야지. 자, 배꼽 인사!"라고 한다. 연달아 "자기야, 잘 다녀와!"라면서 볼에 뽀뽀까지 해 준다.

어, 이게 뭐지? 생각지 못한 황송한 대접을 받고 현관문을 나섰는데 느낌이 싸하고 불길하다. 왜 이러지? 설마, 나를 불안하게 만들어서 죽일 셈인가?

퇴근하고 집에 들어왔다. 아내를 보는 순간 내 눈을 의심했다. 늘 입고 있던 무릎 부분이 늘어난 운동복 바지와 목 부분의 고무줄이 늘어진 티셔츠가 아니다. 분홍색의 야시시한 속옷을 입고 있다. "여보, 왔어요? 이 옷 어때요? 우리 오늘 밤을 뜨겁게 불태워 봐요." 그러면서 침실로 나를 유혹한다. 왜 이러지? 설마, 나를 불태워 죽일 셈인가?

사람이 북적북적한 마트에 갔다. 뜬금없이 아내가 "여보, 나는 참 행복한 여자 같아!"라고 말을 한다. 갑자기 그게 무슨 뜬금없는 말이냐고 물어보니 아내의 대답이 더 가관이다. "여기 있는 많은 남자들 중에 당신이 제일 잘생겨 보여서."라고 말을 하는 것이 아닌가. 게다가 속삭이듯이 말하는 것도 아니고 엄청 크게 외치듯이 말한다. 주변 사람뿐만 아니라 앞서서 걷던 사람들마저 뒤돌아본다. 그리고는 내 얼굴을 뚜렷하게 바라본다. 왜 이러지? 설마, 나를 쪽팔리게 해서 죽일 셈인가?

아내가 "여보!" 하며 나를 부른다. 내가 쳐다보자 갑자기 아내가 업어 달라고 한다. 차마 "미친 거냐?"는 말은 하지 못하고 갑자기 왜 그러냐고 물어봤다. 그랬더니 아내가 대답했다. "연애할 때 당신이 업어 주었을 때 정말 행복했거든." 그러더니 내 등에 살포시 업힌다. 어유, 묵직함과 뼈근함이 밀려온다.

아내가 말했다. "얼른 일어나서 걸어 봐요." 그러더니 갑자기 신이 나서 외쳤다. "아니에요, 얼른 달려 봐요." 어리둥절한 채로 걷다가 달리는데 쉽지 않다. 계속 머릿속에 이런 생각이 맴돈다. 이건 뭐지? 설마, 나를 다리 아프게 해서 죽일 셈인가?

남편이 나를 죽이려 한다

엄마의 속마음

아이들을 남편에게 맡기고 동네에 있는 아이 엄마들이랑 모처럼 티타임도 갖고 수다를 떨며 힐링 시간을 보냈다. 하지만 밖에 나와 있으면서 왠지 남편에게 미안한 마음이 들었다. 시간이 훌쩍 지나가 황급히 집으로 달려갔다. 집 안은 평온했다. 남편은 아이들을 재우고 있었다. 집으로 들어온 나에게 남편은 이렇게 말을 건넸다.

"여보, 많이 힘들지? 당신에게도 가끔 이런 시간들이 필요할 거야."라며 뒤에서 나를 껴안아 줬다. 어, 이 남자가 갑자기 나한테 왜 이러는 거지? 설마, 감동하게 만들어 나를 죽일 셈인가?

오늘은 남편이 야근을 해야 한다며 집에 늦게 들어온다고 했다. 시간이 지나도록 남편은 들어올 기미가 없었다. 전화가 울렸다. 전화를 받았다. "여보, 미안해! 조금 더 늦을 것 같아. 한 푼이라도 부지런히 벌어야지. 정말 미안해."라며 전화를 끊었다. 그리고 잠시 뒤에 문자가 왔다.

"이번 주 토요일에 당직을 내가 선다고 했어. 특근 수당이 나오거든. 우리 아이들을 위해 조금만 더 힘내자." 남편의 전화와 문자를 받고 한 푼이라도 더 벌려고 애쓰는 모습에 안쓰러운 생각이 들었다. 그리고 한 편으론 이런 생각이 들었다. 음, 이 남자가 나한테 왜 이러지? 설마, 미안하게 만들어 나를 죽일 셈인가?

남편이 뜬금없이 육아에 지친 나를 재미있게 해 준다며 갑자기 팬티만 입고 나와서, 나를 위해 코믹 댄스를 추기 시작했다. 총각 때에는 한 몸매하던 남편이었는데 언제 이렇게 축 처진 뱃살을 가진 아저씨가 되었던 것일까? 몸치인 남편이 땀을 뻘뻘 흘려가며 나에게 웃음을 주려고 노력하는 모습을 보고 이런 생각이 들었다. 나한테 왜 이러지? 설마, 정 떨어지게 해서 나를 죽일 셈인가?

남편이 모처럼 자기가 못 하는 요리지만, 나를 위해 멋진 요리를 해 주고 싶다고 한다. 먼저 가까운 마트에 가서 이것저것 장을 봐 오겠다고 하며 나갔다.

1시간쯤 기다렸을까. 장을 봐 온 남편이 주방으로 들어갔다. 그리고 정성을 들여 요리를 하기 시작했다. 30분이 지나고 1시간이 지나도 음식은 완성되지 않았다.

도대체 언제쯤 식사를 할 수 있겠냐고 물어보니, 30분 안에는 음식이 완성된다고 한다. 주방을 들여다보니 정말 분주하게 남편이 애쓰고 있는 모습이 보였다. 그리고 30분이 더 지났다. 하지만 음식은 여전히 완성되지 않았다. 이 남자가 나한테 왜 이러지? 설마, 답답하게 만들어 나를 죽일 셈인가?

남편이 목욕물을 받아 주었다. 욕실에 들어가니 알맞게 잘 데워진 물이 욕조에 담겨 있었다. 이내 남편은 욕조에 들어가서 뜨거운 물에 몸을 담가 피로를 확 풀라고 말한다. 이 남자가 나한테 왜 이러지? 설마, 열 받게 해서 나를 죽일 셈인가?

남편이 TV를 켰다. 리모컨을 돌리다가 어느 한 드라마가 나오자 남편이 재밌겠다며 이걸 보자고 했다. 드라마 안에서 여자 주인공이 잘생긴 남자 주인공인 재벌 집 아들을 만나서 결혼을 하는 장면이 나왔다.

아무리 드라마지만 너무 한 것 같다. 잘생긴 남자가 상위 1퍼센트인 재벌이기까지 하고 또 말투도 다정하다. 옆에 있는 남편을 보니 얼굴은 밍밍한 찐빵에, 몸집은 물개의 형상을 하고는 드라마에 푹 빠져 있다. 이 남자가 도대체 나한테 왜 이 드라마를 같이 보자고 했지? 설마, 부럽게 해서 나를 죽일 셈인가?

결혼기념일에 남편은 장미꽃 100송이와 함께 케이크를 사가지고 왔다.

평소에 기념일 같은 것은 까먹고 그냥 넘어가던 남편이, 오늘은 웬일인지 분위기를 잡고 "여보, 사랑해!"라며 손등에 키스를 해 주었다. 음, 이 남자가 나한테 왜 이러지? 설마, 황홀하게 해서 나를 죽일 셈인가?

🦋 | 힐링 메시지 | 부부 사이의 관계

부부 사이에 있어서 사랑과 소망은 반비례합니다.

남편의 사랑이 지극하면 아내의 소망은 조그마해집니다.

아내의 사랑이 지극하면 남편의 소망도 사소해집니다.

반대로 부부 사이에 사랑과 행복은 비례합니다.

남편의 사랑이 지극하면 아내의 행복은 거대해집니다.

아내의 사랑이 지극하면 남편의 행복도 어마어마해집니다.

생각지도 못했던 남편과 아내의 지극한 사랑을 보여 주세요.

죽을 만큼 놀라고, 죽을 만큼 행복감을 느낀 뒤에 똑같이 되갚아 줄 겁니다.

퇴근 후 내가 쉬는 꼴을 못 보는 남편

막달까지 일을 하고 출산을 했다. 90일의 짧은 출산 휴가를 마치고 다시 출근을 했다.

젖먹이를 떼어놓고 뼈마디가 쑤시는 몸으로 유축기를 들고 출근하는 날, 처음으로 결혼할 때 돈 많은 사람과 결혼하는 게 갑이라는 생각을 했다. 빠듯한 살림에 직장을 그만둘 수도 없고, 가난한 엄마 아빠 만나 태어난 지 백 일도 안 되어 엄마와 떨어져야 하는 내 아이가 그토록 눈물 나게 가여울 수가 없었다.

아침마다 안쓰러운 마음을 안고 출근하고 나면 고단한 하루가 나를 기다린다. 쌓여 있는 업무와 아직 붓기가 빠지지 않은 몸과 빠졌던 머리에서 나온 삐죽삐죽한 잔머리들이 나를 더 의기소침하게 만든다. 폭풍 같은 오전 업무를 끝내고 점심을 먹고 나면 건물 구석의 위생실에 들어가서 유축하고 나오는 것도 눈치가 보인다. 유축하고 나면 기운이 쪽 빠져서 쉬고 싶은 마음뿐이다. 하지만 스마트폰에 담긴 아이 사진을

보며 힘을 낸다.

　내가 집에 도착하면 6시 정도가 되는데 이때부터 아이와의 반가운 해후는 잠시, 곧 정신없이 밀린 일에 시달린다. 남편이 늘 일찍 오는 것은 아니지만 며칠에 한 번씩은 일찍 퇴근을 하는 편이다. 문제는 일찍 들어와도 전혀 도움이 되지 않는다는 것이다. 내가 밥을 차리는 동안만 스마트폰을 하면서 아기 옆에 있다. 돌보아 준다는 표현을 쓰기에 적합하지 않을 정도로 그냥 옆에만 있어 준다. 아이가 울면 "애 우는데, 배고픈가 봐? 뭐 좀 줘." 하며 나를 부른다.

　정신없이 밥 차리고 밀린 집안일 하고 방에 들어오면 정말 앉아 있을 힘도 없는데, 남편은 차려놓은 밥만 정신없이 먹자마자 밖에 나가 친구를 만나거나 자기 방에 들어가 스마트폰이나 인터넷을 한다.

　"퇴근 후에 나도 쉬고 싶어. 도대체가 당신은 내가 쉬는 꼴을 못 보는 거니?"

"또 왜 시비야?"

"매일 일찍 오는 것도 아니고 가끔 일찍 퇴근하면 애도 좀 돌보아 주고 도와달라고!"

"아까 당신 밥 차릴 때 돌보아 줬잖아, 왜 도와줘도 난리야!"

참 억울하기 그지없다. 도와준 거라니, 화가 머리끝까지 났지만 아랑곳하지 않고 또 자기 하고 싶은 일만 한다. 오늘도 나는 속이 터진다.

결혼을 한 것도, 아이를 낳은 것도 후회가 된다. 정말 이럴 땐 어떻게 마음을 풀어야 할지 도무지 모르겠다.

퇴근 후 내가 쉬는 꼴을 못 보는 아내

아내가 아이를 낳고 출산 휴가가 끝날 무렵에 나는 아내에게 이참에 일을 그만두라고 했다. 비록 많이 버는 것은 아니지만 아껴서 생활한다면 내 월급으로도 저축도 하고 잘 살 수 있겠다는 생각이 들었다. 하지만 말은 그렇게 했어도 한편으로는 아내가 잘 견뎌서 회사도 다니고 아이도 잘 키워 주었으면 하는 마음도 들었다. 그렇다고 아내에게 출산 휴가가 끝났으니 아이를 맡기고 어서 회사로 복귀하라고 말할 수도 없는 노릇이다. 이래저래 고민에 빠진 나에게 아내는 출산 휴가가 끝나는 대로 복직을 하겠노라고 말했다.

아주 솔직히 말하자면 안도감이 들었다. 내 직장이 정년이 보장된 것도 아니고, 아이가 태어나면 생활비며 비용이 지금보다 두세 배 늘 것이다. 그리고 아직 집을 구하느라 얻은 대출 이자를 내기도 빠듯한데, 나 혼자 벌어 감당한다는 사실 자체가 엄청난 부담으로 다가왔기 때문이다. 하지만 아내가 육아와 직장 생활을 함께 하면서 나한테 퍼부어

댈 후폭풍은 미처 생각하지 못했었다.

　복직을 하고 나서 언제부터인가 아내는 늘 한숨과 피곤하다는 말을 달고 살았다.

　"지긋지긋해."

　"나도 쉬고 싶어."

　"내 인생이 비참해."

　비교적 나보다 퇴근 시간이 이른 아내는 장모님에게 맡겨둔 아이를 데려와 저녁 동안 보살핀다. 정말 여자는 약해도 엄마는 강하다는 말이 딱 맞다. 아내가 저렇게 헌신적이고 대단한 사람인 줄 몰랐다. 늘 고마워하고 미안해하는 마음을 가지고 있다. 그런데 문제는 말이 너무 거칠어졌다는 것이다. 특히나 나에게만 유독 악담을 퍼붓는다. 피곤하고 힘들고 지치게 하는 요인이 모두 다 나인 것처럼 행동하고 나를 구박한다.

　뭐라 말을 하면 트집을 잡아 소리를 지르고 나를 보면 늘 집안일이나 아기 돌보는 일을 시키지 못해서 안달 난 사람처럼 행동한다. 이거 가져와, 저거 가져와, 일찍 와서 아이 좀 봐 등등. 나의 일이나 생각, 근황에 대해 관심을 갖고 물어본 적이 최근에 한 번도 없는 것 같다. 일을 시키거나 아니면 힘들어 죽겠다, 다시 태어나면 부자 남편 만나서 호강하며 살고 싶다는 등의 말을 하며 늘 나를 숨이 막히게 하고 공격한다.

　결국 육아와 직장 생활로 너무나 힘들어하는 아내를 보면서 나는 이런 이야기를 한 적이 있다.

　"여보! 정 힘들면 일 그만두고 집에 있어. 부족하지만 내가 저녁에 알

바라도 뛰어서 조금이라도 더 벌어서 올게."

아내는 단호하게 말했다.

"알바를 해 얼마를 벌어 올 건데? 능력은 있기나 해? 진작 좀 그렇게 하시던지. 번지르르한 저 말에 내가 속았지. 아이고 내 팔자야!"

그러면서 우는 아이를 달래러 가며 한 마디 더 한다.

"그딴 허무맹랑한 말 할 시간 있으면 일찍 들어와서 애나 봐!"

그때의 내 심정은 참담함 그 자체였다. 아내가 힘든 거 안다. 그리고 안쓰럽다. 그래서 내 나름대로 최선을 다해 생각해서 말을 한 것이다. 그런데 아내는 그 말을 나를 비웃고 무시하는 내용으로 맞받아친다. 그러다 보면 말을 하고 싶은 생각이 전혀 사라진다. 어떤 때에는 너무나 화가 나서 "지가 고생을 하든지 말든지."라는 생각을 하며 외면하게 된다. 말 한 마디라도 "그렇게라도 생각해 줘서 고마워. 나도 그러고 싶은데, 당신이 투 잡 하는 거 생각만큼 현실성 있는 건 아니잖아. 더 견뎌 보자. 대신 남편도 최대한 일찍 와서 육아 좀 도와줘." 이런 식으로 말했다면 정말 어떻게든 아내를 돕고자 노력했을 것이다.

나름 고심하며 방법을 생각한 건데 이런 식으로 무시를 당하면 나도 모르게 이런 생각이 든다.

"내가 뭘 더 어쩌라고. 그래, 똑똑한 너 혼자 잘 해 보든지."

아내가 힘든 건 충분히 안다. 그래서 나는 틈날 때마다 육아에 도움을 주고 있고 더 노력하려 한다. 그런데 왜 만족하지 못하는 걸까? 아내의 눈에는 나의 행동과 도움이 모두 부족하다고 생각하나 보다. 내가 하는 노력을 아내는 전혀 도움이 안 된다고만 생각을 하는 것 같다.

아이를 위해 만든 베개가 있는데 아이를 보다가 실수로 고무줄이 끊어졌다. 그럼 아내는 "괜찮아. 또 만들면 되지!"라는 천사 같은 말을 해줬으면 좋겠는데 실상은 다르다.

"당신은 도대체 하는 게 뭐야? 진짜 뭐 하나 도움이 되는 데가 없어!" 한숨이 절로 나온다.

또 아내가 물건을 어디에 뒀는지 내가 어찌 아나? "걸레 좀 가져와!" 해서 한참을 찾고 있으면 결국 "그것 하나 못 찾냐? 집안일을 해 봤어야 알지. 아이고, 내 팔자!"와 같이 상처가 되는 소리가 이어져 나온다.

이건 어떠한 연고로도 해결될 수 없고 시간이 지나도 새살이 돋아날 수 없다. 그렇지만 나는 참으며 홍어처럼 삭힐 뿐이다. 그래야 가정이 돌아간다는 걸 알기 때문이다. 하지만 아내가 알아 줬으면 좋겠다. 나도 내 선에서 최선을 다해 돕고 있다는 사실을 말이다.

내가 이것저것 찾아서 하려면 돌아오는 건 그놈의 잔소리뿐이기 때문에 결국 나는 내가 할 수 있는 영역만 하는 것으로 마음을 굳힌다. 아내는 오늘도 나에게 소리를 지른다.

"당신은 내가 퇴근하고 나서 쉬는 꼴을 못 보지?"

아니다. 쉬는 꼴을 보고 싶다. 도와주려는 나의 마음과 노력에 제발 무시하고 빈정거리며 구박만 하지 않았으면 좋겠다. 아내들이여, 남편이 양에 차지 않게 일을 하더라도 정말 말 한 마디라도 마음을 좀 헤아려서 칭찬해 줬으면 좋겠다. 그러면 정말 하나가 되어 육아를 돕는 멋진 남편이 되려고 노력할 것이다.

집을 벗어나면 모두 전쟁터라고 하지요. 그나마 가정은 비무장 지대로 편하게 쉴 수 있는 곳입니다.

오늘도 퇴근한 남편은 전쟁터에서 살아 돌아온 용사이고, 퇴근한 아내도 전쟁터에서 무사히 살아 돌아온 용사랍니다. 역전의 용사들끼리 가정에서는 무기를 버리고 쉽시다.

재충전해야 내일 또 전쟁터에서 싸워 이길 수 있습니다.

나는 포기했지만 아이는 절대 포기해서는 안 되는 것은?

– 영어 교육

나를 절대로 이해하지 못하는 사람은?

– 결혼 안 한 친구

길어야 일 년이지만 정말 해도 해도 너무하는 것은?

– 아동복 가격

"제가 알아서 할 게요" 이 말은 누구에게 하고 싶은 말일까?

– 시어머니

간절히 기다리고 기다려도 좀처럼 내게 오지 않는 것은?

– 국공립 어린이집 대기

집착하면 할수록 먼 곳으로 깊숙하게 멀어지는 것은?

– 아기 코딱지

자꾸만 비교하게 되는 것은?

– 친구 남편

가만히 있으면 중간은 하는 것은?

– 시누이

물으면 물을수록 가슴이 아파지는 것은?

– 엄마 젖꼭지

갑작스럽게 압박감으로 찾아오는 것은?

– 아이의 하원 시간

제발 눈감아 줬으면 하는 것은?

– 머리 감길 때의 아이

★ **나 자신**에 대한
아내와 남편의 진짜 속마음

다시 결혼한다면

엄마의 속마음

이런 남자와 결혼하고 싶다

첫째, 돈 많은 남자

둘째, 술, 담배 못 하는 남자

셋째, 친구, 취미, 잠 없는 남자

이런 남자는 피하고 싶다

첫째, 돈 없는 남자

둘째, 친구 많은 남자

셋째, 자기 자신을 무진장 사랑하는 남자

다시 결혼한다면

아빠의 속마음

이런 여자와 결혼하고 싶다

첫째, 돈을 아끼는 여자

둘째, 밥을 잘 해 주는 여자

셋째, 친절한 여자

이런 여자는 피하고 싶다

첫째, 욱 하는 여자

둘째, 비교하는 여자

셋째, 정리정돈을 잘 못 하는 여자

아내를 처음 만나 설레던 때, 남편의 모습을 보고 든든함을 느꼈던 때를 떠올려 보세요. 결혼은 내 삶의 가장 중요하고 큰일입니다. 수많은 경쟁 상대를 뚫고 지금의 내 남편이, 지금의 내 아내가 바로 나와 결혼한 사람입니다.

결혼한 다음날부터 예기치 못한 단점이 보이기도 하고, 결혼 전에 이미 알았지만 중요하게 생각하지 않았던 점들이 더욱 크게 부각되어 나를 힘들게 하기도 합니다. 하지만 다시 결혼한다면, 내 눈에 맞고 내 취향에 맞는 그런 아내와 남편을 만날 수 있을까요? 내가 원하는 남편과 아내상을 떠올려 보세요.

내가 필요한 것을 제때 챙겨 주고, 도와주고, 나의 입맛에 맞는 말과 행동을 해 주고, 언제든 나를 맞춰 주고, 참아 주고, 아껴 주는 사람일 것입니다.

그런 대접은 아마도 '돈을 엄청 많이 주는 비서나 우리 엄마'에게서나 받을 수 있을 겁니다. 불평을 하고 더불어 가정을 꾸린 것에 대한 후회를 하기 전에 내 주변을 둘러보세요. 100퍼센트 만족하며 행복에 들떠 사는 사람은 없을 것입니다. 오죽하면 쇼윈도 부부라는 말까지 나왔겠어요.

"그래서 나는 다시 태어난다면 결혼이라는 것을 하지 않겠다."라고 말하는 분도 있습니다. 하지만 결혼을 하지 않은 삶은 정말 외롭습니다. 지금 나를 들볶고 힘겹게 하는 아이와 아내, 남편이지만 시간이 흐르고 나면 나를 행복하게 해 줄 사람은 이들밖에 없습니다.

서로 아껴 주세요. 지금 감사해하고 아껴 주는 만큼 마음 한가득 되돌려 받게 될 것입니다.

남편이 사랑스러워 보일 때 베스트 3

01

아이랑 놀아 줄 때

02

칼퇴근을 하고 바로 집으로 올 때

03

쉬는 날, 아이와 함께 밖으로 외출할 때

아내가 사랑스러워 보일 때 베스트 3

아빠의 속마음

01

조용히 밥을 차려 줄 때

02

늦게 집에 들어왔는데 자고 있을 때

03

우리 엄마, 아버지에게 살뜰하게 잘 해 드릴 때

남편에게

아내는 남편이 사랑스러워 보일 때를 세 가지로 나눠서 말하고 있지만 바라는 것은 딱 한 가지입니다. 바로 육아를 도와주는 것이지요. 그 중에서도 아이 자체를 돌봐 주는 일을 가장 바라고 있네요.

얼마나 육아에 힘이 들었으면 아내에게 있어 이 세상의 유일한(?) 남자인 남편이 사랑스러워 보이는 순간이 육아를 돕는 순간일 것일까요? 세 가지나 되는 항목 중에 나를 여자로 봐주고, 남편이 멋진 남자처럼 보이는 내용은 하나도 없다는 것이 안쓰럽기만 합니다. 남편들은 아내의 육아를 도와주어야 합니다. 상상하는 것 이상으로 정말 벅차고 힘이 든답니다. 연애할 때 아내의 가벼운 가방도 들어준 경험 있으시지요? 지금 10킬로그램이 넘는, 그것도 팔다리를 허우적거리며 마구마구 움직이는 아이와 씨름하고 있는 아내를 도와주세요.

아내에게

남편이 아내가 사랑스러워 보일 때를 여러 가지 말했지만 그 내용들이 지극히 평범하고 소박하기까지 합니다. 밥을 차려 주는 것, 늦었을 때 게다가 술을 먹기라도 한 날이면 날이 선 목소리와 표정, 짜증들로 그 다음날 아침까지 냉전 상태가 지속되는 것의 사라짐, 그리고 사회생활하며 남의 눈치 보느라 내가 제대로 챙기지 못한 우리 어머니, 아버지에게 살갑게 대해 주는 것들은 어찌 보면 간단하고 너무 쉬운 것인데, 지금 일상에 지친 아내에게는 어이없는 요구로 들릴지도 모르겠습니다.

남편이 제대로만 하면 밥도 잘 차려 줄 것이고, 늦어도 잔소리 안 할 것이고, 아이와 시댁에도 잘 하겠다 말하겠지요.

하지만 잘 생각해 보세요. 남편은 일부러 아내를 괴롭히기 위해서 그런 것이 아니랍니다. 남편들도 정말 자신의 위치에서 고군분투하고 있답니다. 몸은 비록 잠을 자고, 컴퓨터를 보고, 소파 위에서 멍하니 앉아 있는 것 같아도 수시로 아이와 아내를 생각하고 든든하게 지켜 줄 방법을 고민하고 있답니다.

내 남편은 아니라고요? 절대로 그렇지 않습니다. 보이는 것과 마음속은 다를 수 있습니다. 남편은 진심으로 시시때때로 가정을 위해 고민하고 노력합니다. 남편을 믿어 보세요. 그리고 도와주세요.

엄마의 로망

엄마의 속마음

나는 진심으로 이런 엄마가 되고 싶다

첫째, 아이가 아무리 힘들게 해도 절대 화내지 않고 웃어 주며, 끊임없이 놀아 주는 엄마

둘째, 요리와 청소, 육아 등 다방면에 월등한 능력을 가진 엄마

셋째, 아이가 아무리 힘들게 해도 절대 화내지 않고 웃어주며, 끊임없이 놀아 주고, 요리와 청소, 육아 등 다방면에 월등한 능력을 가진 아줌마와 늘 함께하는 엄마

아빠의 로망

아이: 아빠, 나 장난감 사 주세요.

아빠: 그래!

아이: 아빠, 나 최신형 스마트폰 하나 사 주세요.

아빠: 그래, 사 줄게!

아이: 아빠, 정말 미안한데 하나만 더. 새로 나온 넷북도 사 주세요.

아빠: 물론이지. 제일 좋고 비싼 걸로 하나 사!

나도 이런 아빠가 되고 싶다. 아이도, 아내도 진심으로 능력 있는 아빠가 되어 주길 원한다. 사실 나 스스로도 능력 있는 아빠가 되어 주고 싶다.

🦋 | 힐링 메시지 | 당신은 아주 잘 하고 있습니다

무척이나 소중한 나의 아이를 위해서라면 그 무엇이든 다 해 주고 싶은 게 부모의 마음입니다. 하지만 내 바람과는 달리 모든 것을 해 주기는 어렵겠지요. 사람의 바람은 끝도 없고, 능력은 한정되어 있으니까요.

어떤 광고 캠페인을 하나 보았습니다.

늙은 부모님이 다 커서 가정을 꾸린 아들에게 영상 메시지를 남기고 아들에게 그것을 깜짝 선물로 보여 주는 내용이었는데요. 모든 부모님이 하신 말 중에 약속이나 한 것처럼 공통적으로 꼭 들어간 말이 있었습니다. 바로 "다른 부모들보다 못해 주어서 미안하다."였지요. 그리고 아들은 하나같이 "우리 부모님이 나 때문에 너무 고생을 하셨다. 자랑스럽다. 더 잘 해 드리고 싶다."라고 말했습니다.

더 잘 해 주고 싶은 부모는 매일 다른 아이에 비해 입는 것과 먹는 것. 그리고 돌봐 주는 것도 제대로 못하는 것처럼 느끼지만, 아이에게는 최상의 선물인 것입니다.

너무 잘 하려 하지 마세요. 그리고 못 해 준 것 같다고 자책하지 마세요. 나의 아이에게 잘 해 주려는 생각을 하는 것만으로 최상의 육아를 하고 있는 것이니까요. 당신은 아주 잘 하고 있으니 걱정하지 마세요.

아이에 대한 엄마의 생각

엄마의 속마음

일찍 자는 아이는
일찍 일어난다.
하지만
늦게 자는 아이도
일찍 일어난다.
어유.

아이에 대한 아빠의 생각

하루 종일 방 안에 있던 아이는
놀아 달라 졸라 댄다.
하지만
하루 종일 놀다 온 아이도
놀아 달라 졸라 댄다.
어유.

아이다움의 가장 큰 특징은 무엇일까요? 순진무구함과 천진난만함 그리고 무엇보다 가장 빛나는 것은 바로 생동감이겠지요?

무표정한 얼굴로 무겁게 앉아 있는 어른들과는 달리, 쉼 없이 쫑알거리고, 노래를 부르고, 호기심 어린 눈으로 바라보며 궁금해하고, 또 만지고 살펴보고, 까르르 즐거워하는 모습이 바로 건강한 아이의 모습이 아닐까요?

간혹 육아에 지친 부모는 이런 아이의 생동감 있는 모습을 자신을 지치게 하는 요소로 표현하기도 합니다.

"우리 애는 잠시만 잠을 자고 나면 에너지가 모두 충전되어 놀아 달라고 저를 바라봐요."

"나 대신 우리 아이가 잠을 계속 잤으면 좋겠어요."

"뭐니 뭐니 해도 애들은 잘 때가 제일 예뻐요."

그러다 막상 아이가 아파서 밥도 잘 못 먹고, 뛰어다니지도 않고 애처로운 얼굴로 이불 속에 누워만 있으면, 가장 큰소리로 울면서 걱정하는 게 바로 엄마, 아빠잖아요.

늦게 자도 일찍 일어나고, 놀아 줘도 놀아 달라 졸라 대는 아이의 모습이야말로 최고로 건강하다는 증거입니다. 자, 지금 그 건강한 모습을 유지할 수 있도록 힘을 내서 안아 주세요.

남편은 힘들다

아빠의 속마음

가장인 남편이 생계를 책임지는 것은 당연한 것인데 나는 벅차다. 한 달 동안 꼬박 일을 해봐야 딱 한 달 생활비가 나온다. 내 생각에 넉넉하지는 않지만 그래도 한 달을 잘 살 수 있을 것 같은데, 아내는 언제부턴가 돈이 부족하다고 타박이다. 최선을 다하는데 월급에 따라 사람의 능력을 구분하는 것 같아서 많이 씁쓸하다.

나는 올해 30대 중반이다. 방 두 칸짜리 빌라 전세에 두 명의 아이들을 책임지고 있고, 아직은 일할 계획이 없는 아내와 양가에는 환갑이 지나신 부모님이 계신다.

인생의 목표는 단순하다. 대출을 끼지 않은 30평 이상의 아파트와 배기량 2000cc 이상의 자동차를 소유하면서, 아내랑 아이들과 부모님께 효도하며 행복하게 사는 것이다.

누구나 다 한 살이라도 젊었을 때 한 푼이라도 더 모아서, 40~50대에 가서 쪼들리면서 살지 않겠다고 생각을 한다. 그런데 30대 중반이 되고 아이가 커가면서 이래저래 쪼들려도 너무 쪼들리니, 이제는 내 자신을 질책하고 있다.

나는 나이 먹도록 뭘 한 거지? 사회에 나온 지 5년이 넘었는데 저축한 돈도 얼마 있지도 않다. 내 주변에는 다들 나랑 같은 중학교, 고등학교, 대학교를 졸업하고 벌써 집도 사고, 좋은 차도 타고 다니는데, 나는 여태껏 무엇을 한 것일까?

너무 짜증이 나서 어디 분위기 좋은 곳에서 술이라도 미친 듯이 먹고 싶다. 그런데 다음날 아침에 정신 차리면 카드 값 갚을 생각에 덜컥 걱정부터 앞서기 때문에 어쩌다 술 한 잔 마시기도 참 부담스러운 신세가 되었다.

나 하나 스트레스 풀자고 술값으로 몇만 원을 쓰는 것보다 차라리 아내에게 맛있는 저녁이나 사주는 편이 낫고, 우리 아이 기저귀라도 하나 더 사놓자는 생각에 결국 아무것도 못한다.

가죽 시곗줄이 조금 오래 되어서 땀이 나면 손목에 자국이 남기도 하여, 바꾸려고 시계방에 가서 물어보니 3만 원이란다. 그런데 3만 원이면 아이 장난감을 사줄 수도 있고, 가족이랑 나가서 밥 한 끼를 먹을 수도 있다는 생각에 결국 시곗줄을 바꾸지 않았고, 땀이 날 때에는 잠깐씩 벗어 두기로 했다.

가끔 친구를 만나면 술값을 내가 내야 하나? 친구가 사줄려나? 더치페이를 하자고 하기도 그렇고, 이를 어쩌나 하고 사실 고민하기도 한다. 그 친구도 말은 안 해서 그렇지 같은 속마음을 가지고 있지는 않을까?

아직도 결혼 때 빌린 대출금도 남아 있고, 아껴 써도 줄지 않는 카드 값은 한결같이 3백만 원대를 유지하고 있다. 통장에는 잔고가 바닥을 치고 있으니 내 자신이 초라하고 불쌍하면서 참으로 한심하다.

주말에 아내와 함께 마트에 가면 이것저것 하나씩 담을 때마다 똥줄이 타는 알 수 없는 이 기분은 왜 이렇게 날 비참하게 만들까? 같은 용도의 제품이라도 아내는 아이가 먹는 것에는 이왕이면 비싼 걸 고른다. 그럴 때마다 나도 모르게 원망도 해 본다. 나는 혼자서 맥주 하나 담을 때에도 10원 단위로 계산하고 있는 나 자신을 발견하게 된다.

애한테 들어가는 비용은 점점 커지고 공과금도 더욱 많아지다 보니, 경제적으로 힘들다가 어느 순간부터 정신적으로도 힘이 든다. 정말 속이 타지만 그렇다고 누구에게 제대로 하소연하기도 어렵다.

오늘은 회사에서 회식이 있었다. 집으로 돌아오는 길에 그만 지하철역 세 정거장을 지나쳐서 내렸다. 그깟 1200원을 아껴 보겠다며 왔던 길을 세 정거장이나 걸어왔다. 예전에는 안 그랬었는데, 갑자기 내가 왜 이렇게 되었지?

결국 집에 도착했다. 아내가 한 마디 한다. "또 술이냐, 참 잘 하는 짓이다!" 정말 잘 하는 짓일까? 애한테라도 조금은 좋은 환경을 만들어 주고 싶은데 현실적으로 잘 안 된다. 매번 힘들지만 오늘은 내 다리까지 힘이 든다.

| 쉼터 이야기 | 아빠가 절대 먹지 말아야 할 것

오늘 아내와 굳은 약속을 하고 다짐을 했다. 이제는 더 이상 먹지 않기로, 하지만 조금 억울했다.

"그럼 당신은 왜 먹는데?"

아내는 이렇게 이야기한다.

"나는 수유를 하잖아. 결국 내가 먹는 게 다 아이한테 가는 거야!"

이제부터는 절대 안 먹을 거다. 더럽고 치사해서라도 절대로 먹지 않을 것이다.

– 아기 과자

초능력자

세상에 모든 아이들은 초능력자이다.

상상도 못할 만큼 아주 뛰어난 능력을 지니고 있다.

아이는 밥을 먹고 있는데 똥을 싼다.

어떻게 먹으면서 똥을 싸지?

이건 대단한 능력이다.

2

내 아이와 함께하는
집 밖 이야기

돈에 대한
아내와 남편의 진짜 속마음

두부 한 모의 실랑이

엄마의 속마음

기다리던 주말, 모처럼 남편과 함께 마트에 갔다. 세제도 떨어지고, 달걀도 사야 하고, 지난번에 먹었던 돈가스도 아이들이 너무 잘 먹어서 더 사야 한다. 아이들이 다칠까 신경 쓰랴, 가격 비교하며 좋은 물건 고르랴 정신없이 장을 보는데, 남편은 "도대체 지난주에 샀는데도 이번 주에 또 살 게 이렇게 많아?"라며 구시렁거린다.

한 주 동안 밤에 와서 자신이 먹은 밥과 반찬은 도대체 뭐란 말인가. 게다가 매일 두세 끼를 집에서 해결하는 아이들과 나는 생각하지도 않는 것인가. 한 주 동안 사용하는 식재료만 해도 엄청나다. 물건을 골라도 트집이다. 남편의 구매 조건은 확고하다. 무조건 가격이 싸야 한다.

1+1처럼 하나 더 껴 주거나 유통 기한이 임박해서 떨이를 하는 것도 엄청 좋아한다. 그러다보니 물건을 고를 때 종종 실랑이를 벌이는 경우가 많다. 오늘도 두부 진열대 앞에서 실랑이를 벌였다. 두부 한 모 가격, 물론 1000원인 것도 있지만 그건 수입산 유전자 콩으로 만든 거다.

국산 콩으로 만든 두부는 한 모에 2500원 정도 한다. 두 개 묶음 하면 4000원이라 두 개 묶음을 산 건데, 1000원짜리도 많은데 비싼 거를 산다느니 두 개씩이나 사느냐며 잔소리를 해댄다.

하지만 두부는 아이들에게 먹일 것이다. 절대 양보할 수 없다. 비싸더라도 먹는 것만큼은 최대한 유기농, 질 좋은 것을 먹이겠다. 애들 먹을 것이라고 하자 자기 어린 시절에는 아무거나 먹고도 잘 자랐다고 하며 알고 보면 다 똑같은 거며, 상술이라는 등 시부렁거리며 탐탁지 않은 표정을 짓는다.

다른 집 애들은 더 좋은 것, 더 맛있는 것, 더 비싼 것을 먹이는 걸 모르나 보다. 늘 우리 아이들에게 부족하고 미안한 마음인데, 이마저도 구시렁거리니 부성애라는 게 있는 것인지 참으로 궁금하다.

두부 한 모의 실랑이

아빠의 속마음

기다리던 주말, 모처럼 휴일인데 아내가 마트에 가자고 한다. 마음이 별로 내키지 않는다. 지난주에 분명히 장을 봤는데 이번 주에 또 가자고 하니 만사가 귀찮기만 하다. 그것도 기다리던 주말인데 …….

아내는 이것저것 떨어졌다고 구시렁거린다. 분명한 것은 내 체력도 이미 바닥이 난 상태다. 하지만 애들을 데리고 마트에 가서 낑낑대며 카트도 끌어야 하는 아내의 모습을 생각하니 안쓰럽기도 하다. 그래서 체력을 끌어올려 마트로 향했다. 그런데 여기서부터 문제가 시작되었다. 마트에서 조금만 눈을 돌리면 좋은 물건을 저렴하게 살 수 있는 것들이 있다. 심지어 하나를 사면 하나를 더 주는 물건들도 있다. 그런데 아내는 큰 차이를 느낄 수 없는 가장 비싼 두부를 고른다.

말이 유기농이라고 하지만 다른 두부들도 마찬가지로 농부들의 정성이 담겼을 테고, 어차피 먹으면 배변으로 나오는 것은 똑같은데 왜 아이들에게 먹일 거라고 굳이 비싼 것을 고르는 아내를 이해할 수가 없다. 내가 나가서 어떻게 끼니를 때우는지 별 신경도 안 쓰면서 말이다.

물론 아빠 마음도 아이에게 돈을 빌려서라도 좋은 것만 먹여 주고 싶다. 하지만 이 두부가 못 먹을 두부도 아니고 조금은 더 좋은 조건으로 파는 두부도 있는데 꼭 아이라는 이유 때문에 비싼 것만 골라야 하는 이유를 모르겠다.

왜 항상 나는 늘 아이의 뒷전인지 모르겠다. 두부 한 모를 사면서 이 집 안에서 나는 돈을 벌어다 주는 기계인 것 같은 초라한 생각이 들어 짜증이 났다.

나 어릴 적에는 땅에 떨어진 것도 잘 주워 먹었고, 불량 식품을 즐겨 먹었어도 이렇게 잘만 컸다. 그러나 이러한 이야기를 들은 아내는 쪼잔하다느니, 부성애가 없다며 나를 나무란다. 다른 집 아이들은 어떻게 육아를 하는지 모르겠지만 그래도 확실한 것은 나에게도 부성애가 많다는 사실이다.

적은 돈을 아끼려는 나를 한심하게 생각하는 아내와 이런 아빠를 아무 생각 없이 바라보는 아이들을 보며, 이 집 안에서 나의 위치는 과연 어디쯤에 있는 것인지 참으로 궁금하다.

어미 새가 둥지에 있는 새끼들한테 모이를 주는 모습을 본 적이 있습니다. 눈도 제대로 뜨지 못한 새끼들은 부리를 벌리고 먹이를 먹겠다고 아우성입니다. 어미 새는 배가 고프지만 새끼들을 위해 먹은 음식을 토해내며 새끼의 입에 다 넣어 줍니다.

가시고기라는 물고기가 있습니다. 암컷이 새끼를 낳으면 어느 정도 클 때까지 수컷의 입 속에 넣어 보살핍니다. 수컷은 새끼를 보호하느라 아무것도 먹지 못하고 굶어 죽습니다. 새끼를 입에서 뱉고 자기가 먹이를 먹으면 살 수도 있는데 말이지요. 이 땅의 부모들은 자신들은 싼 것을 먹어도, 자식들한테는 좋은 것을 먹이려는 어미 새와 가시고기 같은 존재입니다.

남편이나 혹은 아내가 아이에 대한 관심이나 사랑이 부족한 것 같고, 아이보다 돈이나 다른 것을 중시하는 것 같아 보여 섭섭하고 화가 날 때도 있습니다. 하지만 아이에게 사랑을 표현하는 방법이 다를 뿐, 그 속에는 모두 각자의 방식으로 아이에게 주고자 했던 사랑이 가득 담겨 있습니다.

비싼 두부를 사려는 부인도 남편을 괴롭히거나 돈을 다 써버리기 위해서도 아니고 오직 내 아이가 잘 크기를 바라는 사랑을 표현한 것입니다. 싼 것을 주장하는 남편도 가족에게 나쁜 걸 먹이거나 돈이 아까워서 그런 게 아닙니다. 그 돈을 아껴서 아이가 잘 자라는 데 필요하다고 생각하는 것을 더 해 주려는 마음이 숨어 있습니다.

남편과 아내, 둘 다 아이를 생각하고 가정을 위하는 마음은 견줄 수 없을 정도로 큽니다. 다만 자신의 방식에서 좋다고 생각하는 것을 말하고 있는 것이지요. 하지만 한 번 정도 자신의 말과 행동을 돌아볼 필요가 있습니다.

정말 그게 가족을 위한 유일한 정답이었던 것인지, 나 말고 아내가 말한 것, 남편이 말한 것이 옳은 방법일 수도 있습니다.

가시고기가 새끼를 입에 넣고 먹이를 주느라 자신은 굶어 죽었다는 이야기를 들으며 보잘것없는 생물에게서 느끼는 부성애의 진한 감동을 얻었지요? 하지만 꼭 그래야만 했을까요?

잠시 물속에 새끼를 뱉는 게 위험하고 나쁘다는 생각이 들기도 하지만 가시고기가 입에 넣었던 새끼를 뱉고 먹이를 먹어서 더 오래도록 튼튼하게 새끼를 보호해 주는 게 더 나을 수도 있었다는 생각이 듭니다.

기억하세요. 정답은 없습니다. 그러므로 내 생각이 늘 옳은 것은 아닙니다. 내 생각이 옳다고 해서 다른 말을 하는 사람이 적은 아닙니다. 더욱이, 아내나 남편이 나와 다른 생각을 한다고 해서 적이 아닙니다. 사랑을 표현하는 또 다른 방법일 뿐입니다.

결혼의 조건

엄마의 속마음

　대학교에 다닐 때, 나의 결혼 조건 1순위는 당연히 사랑이었다. 그래서 남자의 조건이나 돈을 보고 연애나 결혼을 한다는 사람들은 속물이라고 생각했다. 상대방의 됨됨이나 인간성, 그 사람의 인품 그 자체만을 보는 것이 순수하고 아름다운 사랑이라고 생각했다. 간혹 유명한 연예인이나 아나운서가 재벌 2세와 결혼한다는 뉴스를 들을 때면 한심하다는 생각과 함께 불쌍하다는 생각까지 들었다.

　하지만 지금 누군가 결혼을 한다고 하면 꼭 돈 많은 사람과 하라고 말하고 싶다. 나도 별 수 없이 속물이 되었다고 욕해도 좋다. 신혼 때까지만 해도 이런 생각을 하지는 않았다. 하지만 아이가 태어나면서 나의 생각은 달라졌다. 부모의 재력이 아이에게 미치는 영향은 상상 그 이상이다. 산후 조리원에 들어가는 순간부터 금수저 아이와 흙수저 아이의 상황은 천지 차이인 것 같다. 슬프게도 내 아이는 금수저가 아니다. 내 아이에게 최고의 환경, 최적의 양육 조건을 원 없이 제공해 줄 수만 있다면 더 바랄 것이 없는데 말이다.

지금으로부터 10여 년 전, "남자는 말이야, 얼굴도, 학벌도 필요 없어. 남자의 조건은 아버지의 재력이 결정하는 거야"라고 공공연히 외치고 다니던 대학 동기가 있었다. 돈 많은 남자를 꼬신다며 압구정 카페나 청담동의 비싼 칵테일 바 같은 데를 다닌다는 소문이 돌았고, 모두들 혀를 찼다. 나 역시 꽤나 냉랭한 시선으로 그 친구를 대했던 것 같다.

결국 졸업할 때 즈음, 그 친구는 간절한 바람대로 재벌까지는 아니지만 준 재벌급에 가까운 남자와 결혼을 했다. 결혼식장에서 본 예비 신랑의 모습은 가히 충격적이었다. 키도 작고, 왜소하고, 특히 웃는 모습은 참으로 실속 없어 보였다. 게다가 나이도 10살이나 많은 아저씨였다. 결혼식장을 나오며 친구들이 "아무리 돈이 많다고 해도 나라면 이런 결혼은 하지 않았을 것 같다."라며 수근거렸었다.

하지만 10여 년이 지난 현재 상황은 100퍼센트 반전이다. 모임에서 만난 그 친구는 기사를 대동해서 값비싼 명품 옷과 백으로 치장한 모습이었다. 200만 원을 호가하는 마사지를 받고, 피트니스를 다니며, 골프를 친다고 했다. 아가씨 때의 피부와 몸매를 그대로 간직하고 있었다. 아이는 100만 원짜리 영어 유치원을 다니며, 원어민 교사의 과외를 받고 스키와 승마가 취미라고 했다. 아이와 함께한 크루즈 여행에서 아이가 너무나 많은 것을 느끼고 깨달았다며 꼭 한 번 데리고 가 보라는 권유를 받았다. 그렇게 하겠노라 대답해 주고 돌아오던 길에 돈 없는 부모를 만난 우리 아이가 어찌나 안쓰러웠는지 모른다.

그 후 일주일 동안 짜증이 나고 우울했다.

그러다 벼르고 벼르던 세계 여행 전집을 샀다. 다른 아이는 다섯 살에 천만 원짜리 크루즈 여행을 간다는데, 40만 원짜리 전집 하나 사는 것도 고민에 또 고민을 거듭하는 내 처지가 화가 났다.

집에 들어와 전집을 본 남편의 표정이 굳어진다.

"저거 뭐야, 또 샀어?"

또 사다니? 누가 들으면 언제 뭐 꽤나 많이 사준 줄 알겠다. 전에 책을 산 것은 20권에 5만 원 하는 매우 저렴한 책으로 전집이라고 하기도 민망한 수준이다. "응"이라고 짧게 대답한 내가 어이가 없던지 남편은 가장 궁금해하는 질문을 한다.

"얼마에 샀어, 비싸 보이는데?" 왜 안 물어보나 했다.

"40만 원. 원래 99만 원인데, 할인 받고 이번 달에 사면 특가로 해 준다고 해서 싸게 샀어. 그리고 책장도 하나 받았어."

그래도 나름 친절하게 설명을 했다.

"책장을 받기는, 책값에 책장 값도 다 포함된 거야. 바가지를 썼구먼. 저번에 사준 책도 아직 다 못 읽었잖아. 그냥 애가 좋아하는 거 한 권씩 사서 보면 되지, 전집은 왜 사? 꼭 지금 필요한 것도 아니잖아."

내가 지금 뭐라고 말해 봤자 남편이 원하는 것은 한결같을 것이다.

불필요하고 비싸게 산 것을 한시라도 빨리 구매 취소하고 환불받으라는 것이다.

나쁜 곳에 돈을 쓴 것도 아니고 책을 산 건데, 내 아이에게 40만 원짜리 책도 마음껏 사주지 못하는 내 처지가 너무 속상하다.

다음날 아침, 여동생에게 전화가 왔다. 자신의 연애 상담을 구하는 동생에게 나는 분풀이하듯 소리쳤다.

"생긴 거, 착한 거 좋아하네. 야, 돈이 최고야! 무조건 돈이 많거나 돈을 많이 버는 사람으로 골라! 돈 있는 놈이 잘생긴 놈이고, 돈 있는 놈이 제일 착한 놈이야. 나중에 결혼해서 아이 태어나면 그때 언니 말 뼈저리게 느낄 거야."

결혼의 조건

아빠의 속마음

    대학교에 다닐 때, 나의 결혼 조건 1순위는 당연히 예쁜 여자와 결혼하는 것이었다. 예쁘면 당연히 결혼을 할 생각이었다. 예쁘면 화를 내도 용서할 수 있고, 실수를 해도 용서할 수 있으며, 늘 웃으며 행복하게 살 수 있을 거라 믿었다.

    물론 내면에는 이런 생각도 있었다. 그렇게 예쁜 여자가 나를 만나 줄까? 하지만 그렇게 예쁜 여자가 나를 만나 줬다. 적어도 내 눈에는 그랬다. 정말 예뻤다. 게다가 상냥하고 애교까지 넘쳤다. 그녀는 여신이었고, 종교였으며, 나의 모든 것이었다. 연애에 빠져 허우적거릴 때 결혼한 형님들은 나를 보며 굉장히 냉소적으로 말했었다.

    "너, 그 여자가 너 자체를 좋아하는 거 같지? 사실 여자들은 다 남자들 돈을 본다. 남자가 돈이 없고 안 써 봐라 안 만나게 된다니까. 남자는 돈이 능력이야."

    겉으로는 "네!"라고 말했지만 나의 여신님을 뭘로 보고 그렇게 말하는지 기분이 나빴었다. 그녀는 길에서 어묵을 같이 사 먹어도 호호 불며 맛있게 먹으며 좋아했었다. 늘 부족하고 미약하지만 나 자체를 아끼고 사랑해 줬고 게다가 너무너무 예뻤다.

형들이 남자는 돈을 써야 된다고 말해서가 아니라, 그녀를 만나고는 자연스럽게 돈을 쓰게 되었다. 예쁜 데에도 불구하고 귀엽고 착하고 성격까지 좋은 이 애교 있는 여신을 만나고는 돈을 써서라도 환심을 사고 그 웃음을 지켜 주고 싶었다. 그래서 밥도 사주고, 커피도 사주며, 영화도 보여 주고, 집에 택시를 태워 데려다 주었다.

영화배우 원빈이 한 유명한 대사 중에 이런 것이 있다.

"사랑 웃기지 마, 돈으로 사겠어! 얼마면 돼, 응? 얼마면 돼?"

나는 여신의 마음을 얻기 위해서 내가 쓰는 모든 것이 아깝지 않았다. 쥐꼬리만 한 월급이지만 월급날이면 통 크게 근사한 레스토랑에 데려가기도 하고, 꽃다발과 가방을 선물하기도 했다. 그러다 우리 여신님의 다리가 아플까 봐 할부로 차를 샀다. 그 차를 씽씽 타고 다니며 우리는 정말 알콩달콩 즐거운 연애를 했다.

결혼을 하고 여신이 아내가 되었다. 아내가 된 여신은 나에게 돈이 어디 있는지 물었다. "돈?" 누가 보면 여신이 나에게 돈을 맡겨놓은 줄 알았을 거다. 하지만 여신은 나에게 돈을 맡긴 적이 없다. 내가 돈을 모을 여력이 없었다는 것은 나와 함께 내가 번 돈을 펑펑 쓴 여신이 더 잘 알 것이다. 하지만 기억이 전혀 나지 않나 보다. 어쩜 이렇게 돈 한 푼을 모아 놓지 못했느냐며 매일 나에게 생활비를 달라 닦달했다.

억울하고 또 억울하다. 함께 먹고, 함께 차를 타고, 함께 보고, 즐기며 날려 버린 그 돈은 협찬을 받아 공짜로 쓴 게 아니란 말이다. 아내는 이해하지 못했다. 아내는 하루하루 그냥 일반인이 되어 갔다. 하지만 나는 여신에게 결혼 전의 그 예쁘던 모습이 어디 갔냐고 내놓으라고 닦달하지 않는다. 그냥 소중한 추억과 나의 업보로 삼고 하루하루를 살아가기로 했다. 하지만 아내는 아기가 태어난 뒤로 더욱 돈에 대한 애착이 심해졌다. 나는 하루도 쉼 없이 열심히 회사에 다니며 돈을 벌고 있는데도 계속해서 돈타령이다.

결혼 안 한 동생이 하나 있는데 나한테 묻는다.

"형! 형수님 아는 여자 동생 좀 소개시켜 주세요."

내가 이유를 물었더니 이렇게 답한다.

"형이 부러워서요."

"난 네가 부럽다."

자기는 정말 여신같이 예쁜 여자랑 연애하고 결혼하고 싶다는 동생을 불러서 옆에 앉히고는 담배에 불을 붙였다.

"정 결혼하고 싶으면 예쁜 여자 찾는 것도 좋은데, 너를 이해해 주고 너의 현실을 잘 알아주는 여자를 찾아봐. 그리고 돈 열심히 벌어 놔라. 사실 여자들은 다 남자들 돈을 본다. 남자가 돈이 없고 안 써 봐라 안 만나게 된다니까. 남자는 돈이 능력이야."

내가 말을 해 놓고도 어디서 많이 들어봤던 말이라서 익숙하다.

아! 예전에 형님들이 나에게 냉소를 보내며 했던 말이었다.

🦋 | 힐링 메시지 | 좋은 배우자를 만나려면?

내가 눈이 높아지면 상대도 마찬가지입니다. 내가 더 좋은 조건을 원하면 상대방도 더 높은 조건을 요구하겠지요.

내가 눈을 낮추면 상대방도 기준을 낮추겠지요.

좋은 상대를 만나려면 눈을 높이지 말고 내 자신의 수준을 업그레이드하면 됩니다. 그러면 자연히 원하는 상대를 만나게 됩니다

월 500 이상 버는 착한 남편은 없다

아내가 TV를 켜 놓고 '슈퍼맨이 돌아왔다'라는 프로그램을 열심히 본다. 육아에 적극 참여하는 멋진 연예인 아빠들이 나오는 프로그램이다. 깔깔대고 큰소리로 웃어대며 너무나도 재미있게 보고 있다. 그리고 자막 스크롤이 올라가며 끝나는 시점에, 아내는 나를 아래에서 위로 쭉 훑어본다. 상당히 못마땅한 눈빛이다.

마치 저 안에 나오는 아기 아빠 같은 사람은 인물도 좋고, 돈도 잘 벌면서 세 아이와 놀아 주기도 기가 막히게 잘 놀아 주는데, 너는 왜 이따위냐는 눈빛이다. 기분이 상당히 안 좋다.

'슈퍼맨이 돌아왔다'는 100퍼센트 각본으로 짜인 연기라기보다는 실제 모습을 생생하게 담은 리얼 프로그램이긴 하다. 그러나 공중파 심의를 거치는 방송이라 분명 최소한의 설정이 존재할 것이다. 더구나 카메라가 꺼지면 저 슈퍼맨들의 집에는 아줌마들이 월급을 받아가며 애들을 보고 있을 것 같다.

    방송에서와 같은 저런 아이들에게 유익한 아이템들을 유명 연예인인 저 남편이, 진짜 아무 거리낌 없이 공공장소를 돌며 저렇게 알차고 유익한 계획을 짜서 아이와 아내의 욕구를 동시에 충족시켜 줄 수 있을까란 의심이 드는 이유는 뭘까? 더구나 자기 애 보는데 출연료도 많이 받고, 요즘에는 아이들마저 CF 몸값이 상당한 금액으로 올랐다고 하는데, 한편으로는 이런 생각도 든다. 나한테 그런 대우를 해 줘 봐라 다 때려치우고 착한 남편으로 완전 올인 하겠다.

    아내는 확연히 '슈퍼맨이 돌아왔다' 프로그램 속 연예인 남편을 비교하며 나를 냉대하지만, 사실 나는 나름대로 자신이 있다. 나는 최소한 일을 쉬거나 게을리하지는 않는다. 월급날 늘 월급을 가져온다. 그 액수가 아내의 만족도를 높여 주지 못해서 그렇지, 난 최선을 다한다. 괜히 찔려서 나는 아내에게 이렇게 말했다.

"월 500 이상 버는 착한 남편은 없다."

그냥 하는 말이 아니라 정말 내 생각에는 500 이상 버는 착한 남편은 별로 없을 것 같다. 그 이상 벌면 그만큼 일을 해야 하고 스트레스도 받으니 착한 남편이 되기 힘들 것이다.

현실 속의 남편은 하루하루가 바쁘다. 아이들과 얼굴을 마주할 시간은 좀처럼 나지 않고, 마음과는 달리 좋은 남편이 되려 하는데 늘 아내와 육아에 관한 갈등만 빚는다. 게다가 간이 안 좋은지 매일 피곤에 찌들어 있다. 슈퍼맨 같은 남편, 그리고 돈을 아주 잘 버는 남편이 아내와 아이에게 필요하다는 것을 안다. 하지만 슈퍼맨 같은 남편이 되긴 정말 쉽지가 않다.

아내여! 나에게 자꾸 슈퍼맨, 슈퍼맨 하지 마라. 정말 슈퍼맨이 돌아가시겠다.

월 500 이상 버는 착한 남편은 많다

TV를 켰다. '슈퍼맨이 돌아왔다'라는 프로그램이 시작될 시간이다. 딱 이거 할 때쯤에 아이들이 목욕을 끝내고 옹기종기 잘 노는 터라 볼 여유가 생긴다. 너무 재미있게 잘 봤는데, 보고 나면 좀 허무하다. TV 속 세상과 내가 처한 현실은 하늘과 땅 차이이기 때문이다.

늠름한 몸집에 아이도 잘 달래 주고, 놀아 주기도 잘 하며, TV 프로그램 속의 남편들은 정말 슈퍼맨이 따로 없다. 게다가 집은 또 왜 그렇게 크고 으리으리한지, 슈퍼맨의 아내들은 정말 부러울 것이 없을 듯하다.

한숨을 쉬며 옆을 보니 돈은 없고 배만 나온 약골 캐릭터를 한 남편이 눈에 들어온다. 한숨이 더 깊어진다. 남편은 주중에 먹여 살리려고 회사를 다니며 버느라 지치고 힘이 드는 모양이다. 그렇게 일을 많이 하면 돈이나 좀 많이 벌어 오던지, 이번 달도 카드 값이랑 공과금 내고 나면 적금은커녕 빠듯하기만 하다.

나는 그냥 바라본 건데, 내 눈빛에서 모든 생각을 읽었는지 뜬금없이 남편이 말했다.

　"월 500 이상 버는 착한 남편은 없다."

　놀고 있네. 넘치고 넘친다. 월 500이 뭐야? 연봉 1억 원이 넘는 남편들이 발로 채인다. 내 친구들, 조리원 동기, 동네 아이 엄마들, 큰아이 어린이집 같은 반 엄마들은 모두 다 남편이 많이 벌어오고 편하게 사는 사람들이다. 가끔씩 밖에 나가면 유모차도 남편이 밀고, 아이 미끄럼틀도 남편들이 잘만 태워 주고 놀아 주더라.

　나만 돈도 없이 고생만 죽어라 하고 이러고 사는 거 같다. 육아가 너무 힘들고 고생스럽다. 남편이 조금이라도 도와주면, 숨 좀 쉴 것 같은데 전혀 도움도 안 되고 오히려 속만 긁는다. 차라리 없는 게 나을 것 같기도 하다.

　나는 슈퍼맨 같은 남편이 되길 바라지도 않는다. 그냥 아이 데리고

슈퍼라도 다녀왔으면 좋겠다. 저렇게 피곤하고 힘들다며 드러누워 있지 말고 뭐라도 좀 육아를 위해 노력하고 애를 써 줬으면 좋겠다.

정말 '슈퍼맨이 돌아왔다'를 보고 나면, 신경질이 나서 내가 돌아가시겠다.

🌱 | 힐링 메시지 | 슈퍼맨, 크립톤 행성으로 돌아가라!

슈퍼맨, 당신이 등장한 후로 우리는 부부 싸움을 더 많이 합니다.

모든 걸 다 갖춘 슈퍼맨 때문에 집에서나 회사에서 슈퍼맨을 강요당하는 세상입니다.

연봉 1억 원을 받으려면 얼마나 회사의 노예가 되어야 할까요? 회사는 준 만큼 뽑아 먹는다는 사실을 아는지 모르겠네요.

슈퍼맨, 허황된 망토를 벗어던지고 당신이 태어난 크립톤 행성으로 돌아가면 좋겠네요.

택배를 받으며

아빠의 속마음

    오후 8시가 조금 넘은 시간이었다. "딩동" 초인종 소리가 들린다. '이 시간에 누구지?' 인터폰 속에 얼굴을 드러낸 외간 남자는 바로 택배 아저씨다. 아내는 기다렸다는 듯 쏜살같이 달려가 그 외간 남자에게 굳게 잠겨져 있던 현관문을 열어 준다. '오늘은 또 어떤 물건이 왔을까?' 그러려니 하며 모르는 척 쳐다본다. 역시 내 것은 아니다. 아이를 위한 육아용품이다. 참으로 다양한 육아용품들이 집안 곳곳에 들어와 한 식구가 된다. 더구나 놀라운 사실은 이 모든 용품들에 '국민'이라는 단어가 붙는다는 것이다. 국민 아기 띠, 국민 아기 의자, 국민 유아 변기, 국민 동요 책, 국민 기저귀 쓰레기통, 국민 치발기, 국민 턱받이, 국민 빨대 컵, 국민 기저귀 가방, 국민 대문짝 등등 참 많은 용품들에 국민이라는 용어가 붙는다. 그만큼 브랜드 인지도가 높아서 국민이라는 단어를 쓰는 것이겠지만 내가 아는 '국민'이라는 용어는 집을 살 때 대출을 한 국민은행뿐이다.

　진짜 요즘에는 아내가 임신한 순간부터 필요한 물건들이 어찌나 많은지 아이를 가만 눕혀 놓으면 저절로 흔들리는 침대, 알록달록 신기한 장난감과 욕조, 아기 띠에 옵션으로 아이의 엉덩이를 살짝 받쳐주는 것부터 해서 심심하지 말라고 유모차에 대롱대롱 달아 놓는 수많은 신기한 제품들이 많이 있다. 유모차도 웬만한 구형 중고차 한 대 값이니, 그저 아빠들은 유모차처럼 애만 태우고 있다.

　아내에게 보다 못해 한 마디 건넸다.

　"애들한테 좋은 거 사줘 봤자 크면 다 기억 못 해! 얼마나 쓴다고 이런 걸 막 사줘?"

　아내는 나중에 다 형제들끼리 물려 쓰기도 하고 좋은 걸 구입해야 다시 내다 팔 수도 있다면서 부성애가 없고 쪼잔한 남편인 양 그렇게 한심하게 쳐다본다. 곰곰이 생각을 해보면 엄마가 사주는 육아용품들은 사실 아이에게 별로 소용이 없을 수도 있다고 생각한다.

사실 육아하는 데 아이디어 육아용품들이 엄마들의 편의를 거들어 주는 것은 인정한다. 그렇지만 아이의 입장에서는 비싼 아기 띠랑 싼 아기 띠가 얼마나 차이가 나는 것일까? 물론 착용감이 조금 다를 수도 있겠지만 중요한 것은 엄마가 애정을 가지고 얼마나 잘 안아 주고 눈을 맞춰 주느냐이다.

지금 생각하면 비참할 수도 있겠지만 옛날에는 다 이불 뜯어다가 기저귀로도 썼고, 아기 띠 대신 포대기로 업으면서 나 역시 정서적인 부족함 없이 잘 자랐다.

이제 갓 네 살 된 아이에게 버버리나 봉프앙 같은 명품만 입히는 엄마들을 보고, 한글도 잘 모르는 아이에게 한 달에 100만 원이 넘는 영어 유치원을 보내는 엄마들을 보면, 그것도 모자라 이리저리 교재랑 현장 학습 비용에 방과 후 과외라든가 계절마다 바뀌는 원복 값을 합하면 진짜 어마어마한 비용이 지불될 거라 생각한다. 그러나 요즘에는 이런 것들이 당연하게 받아들여지고 있다. 가끔은 나 어릴 적 그때가 그립다. 정말 요즘 엄마들은 극성이다.

택배를 받으며

엄마의 속마음

　오후 8시가 조금 넘은 시간이었다. 그토록 기다리던 택배 아저씨는 올 생각을 안 한다. 대신 "딩동" 하고 스마트폰 메시지가 울린다. 나에게만 특별히 소셜 커머스에서 쿠폰을 보내 줬다. 3만 원 이상 사면 1만 원을 할인해 준다. 와, 앉아서 만 원을 버는 거다. 빨리 사야 한다. 이런 쿠폰은 유통 기한이 딱 24시간이다. 망설였다가 나중에 유효 기간이 만료되어서 후회한 적이 얼마나 많은지 모른다.

　스마트폰을 들여다보며 물건을 고르기 시작한다. 물론 우리 아이 물건이다. 남들은 다 가지고 있는데 우리 아이만 없는 게 많다.

　국민 아기 띠, 국민 아기 의자, 국민 유아 변기, 국민 동요 책, 국민 기저귀 쓰레기통, 국민 치발기, 국민 턱받이, 국민 빨대 컵, 국민 기저귀 가방, 국민 대문짝 등등 우리 아이에게 필요한 용품들이 너무 많다.

　무엇이 가장 급하지? 나는 고민에 빠진다. 생각 같아서는 정말 아이를 위해 다 사주고 싶은데, 완전히 집 안 자체를 싹 바꾸고 다 준비해 주고 싶은데 그러지 못해서 안타깝다. 기껏해야 침대, 욕조, 아기 띠, 힙 시트, 유모차 그리고 장난감 몇 개 산 게 전부다. 정말 없어서는 안 될 기본적인 것들만 준비한 것이다. 그것도 가장 비싼 것도 아니고 가격을 고려해서 중간 가격의 상품으로 샀다. 특히 유모차만큼은 정말 비싸고 좋은 것을 사고 싶었다. 유모차는 밖에 나가면 바로 드러나는 거라 은근히 엄마들 사이에서도 잘 사는 정도를 판가름하는 기준이 되는 경우가 많다. 물론 그것 때문만은 아니다. 아이의 안전과 직결된 거라 좋은 것을 사고 싶었다. 하지만 남편은 무슨 유모차가 구형 중고차 한 대 값이냐며 노발대발이다. 결국 원하는 것을 사지 못했다.

한참을 고르고 있는데 "딩동" 초인종 소리가 들린다. 택배 아저씨다. 쏜살같이 달려가 현관문을 연다. 얼른 받아서 열어 보았다. 아이의 인지 능력을 길러 준다는 알록달록한 원목 놀이 자동차다. 검색하고, 후기 읽어보고, 쿠폰을 찾는 등 꽤나 많은 노력을 해서 저렴하게 구입한 물건이다. 이것을 가지고 놀 아이 생각을 하니 뿌듯하고 행복하다. 그때 남편이 재 뿌리는 말을 한다.

"애들한테 좋은 거 사줘 봤자 크면 다 기억 못 해! 얼마나 쓴다고 이런 것을 막 사줘?"

얼마나 쓰긴, 몇 년은 쓴다. 그리고 쓰고 나면 둘째 아이에게 물려줄 수도 있고, 곱게 잘 써서 중고 시장에 내다 팔면 완전 거저인 가격으로 쓰는 거다. 그리고 아이들이 기억을 못한다고? 전문가들이 나와서 제시하는 정보를 보면 유아기 때 경험과 교육이 얼마나 아이에게 큰 힘이 되는지 강조하고 또 강조한다. 하나라도 자기가 사서 아이에게 주지도 못

할망정 옆에서 잔소리하고 방해하는 꼴이라니, 정말 이럴 때마다 도대체 아이는 나 혼자 낳은 것인지 부성애가 있기는 한 것인지 궁금하다.

게다가 한 술 더 떠서 예전에는 이불 뜯어다가 기저귀로 쓰고 비싼 힙 시트나 아기 띠 없이도 포대기 하나로도 잘만 키웠다며 극성스럽다고 야단이다. 세상에, 그럼 자동차 타지 말고 예전처럼 허리춤에 보따리 차고 걸어서 다니든가, 아니면 말 한 마리 구해서 타고 다니시지 자동차는 왜 타고 다니는 걸까?

아이에게 명품 옷, 비싼 육아용품, 고급 유치원 등을 선택해 주는 건 아이에게 실질적으로 도움이 되기를 바라는 것도 있지만 주변의 시선도 무시 못 한다. 나 역시 아이가 금방 자라면 명품 옷이라도 금방 버릴 것이라는 사실을 잘 알고 있다. 하지만 옷차림에 따라 누군가 아이를 대하는 태도가 달라지는 게 현실이다. 귀한 차림을 하고 있어야 귀한 자식으로 보일 것이고 푸대접을 받지 않을 것이다.

심지어 옆집에 사는 엄마의 이야기를 들어보면 오기가 생긴다. 아이의 유치원 선생이 아이가 무슨 브랜드의 옷을 입었는지 가끔 옷깃을 뒤집어 본다고 한다. 정말 오기가 더욱 생긴다. 돈을 빌려서라도 가능하면 많은 것들을 아이에게 해 주고 싶은 게 부모 마음이다. 이런 내가 극성 엄마일까?

사랑은 불처럼 위로 솟아오르기보다는, 물처럼 아래로 흘러 내려갑니다. 물레방아의 물도 그렇고 큰 양동이의 물도 가득 차면 넘칩니다. 사랑이 넘치면 아래로 전달되듯, 우리 부모님도 우리를 그렇게 키웠습니다. 단지 나이를 먹어 어릴 적 받은 사랑을 잘 기억하지 못해서 그렇지요.

내리사랑은 희한하게도 유전처럼 습관이 됩니다. 우리도 다 그렇게 컸습니다. 그것을 자식에게 그대로 해 줄 따름입니다.

내가 커피숍에 가는 이유

엄마의 속마음

오늘, 남편이 카드 고지서를 보며 한 마디 했다.

"커피 하우스, 또 커피숍에 갔어? 집에 있는 아줌마들이 뭔 회의를 하는 것도 아니고, 커피숍에 가서 커피는 왜 마셔, 그냥 집에서 마시지. 지난달에도 3만 원인가 나오더니 맨날 당신이 사는 거야? 아, 난 진짜 커피 값이 제일 아깝더라."

뭐라고 말을 하기도 전에 또 한 마디 한다.

"아, 이거 샤브샤브 칼국수는 또 뭐야? 또 그 문화 센터인지 뭔지 그 아줌마들 만나서 애들 데리고 사 먹으러 간 거지? 누구는 버느라 바쁘고, 누구는 쓰느라 바쁘니. 나 원, 참."

오늘 아침 출근길부터 짜증을 내고 싸우면 좋지 않을 것 같아 내가 아무 소리 안 했지만, 사실 내 속마음은 이렇다.

2012년 한 연구소의 연구 결과에 의하면, 엄마는 하루 평균 양육 시간이 11시간 이상이고, 아빠는 적게는 1시간에서 많게는 3시간이라고 한다. 그런데 난 이 연구 결과에 의문이 생겼다. 전업 엄마의 경우 양육 시간은 24시간이 아닐까? 정말 아무 소리도 듣지 못한 채 정신없이 단잠에 곯아떨어지는 4시간을 빼면 20시간이 아닐까 싶다. 워킹맘의 경우도 출근부터 퇴근 시간을 제외하고는 모두 양육 시간이 될 테니, 적어도 워킹맘과 전업 엄마를 합해서 평균을 내면 11시간은 당연히 넘지 않을까?

결혼하기 전, 나는 아이 엄마들이 커피숍이나 음식점에 어린 아이들을 데리고 와서 자유분방하게 둔 뒤, 자신들만의 이야기에 빠져서 깔깔대고 큰소리로 웃으며 거의 가게를 전세 낸 것인 양 활보하는 것이 좋게 보이지만은 않았다.

더 정확히 말하자면, 아이가 화학 약품으로 소독한 물수건을 빨고, 단무지 그릇을 통째로 떨어뜨리고, 컵과 수저를 마구 늘어뜨려 놓고 장난을 쳐도 자신들만의 대화에 빠져 제지도 하지 않고 박수 치고 온몸을 젖혀 가며 수다 삼매경에 빠져 있는 모습들이 사실 이해가 되지 않았다.

나는 시끄럽고 정신없다는 이유로 그런 곳은 피했던 것 같다. 하지만 이젠 알 것 같다. 그곳에 있던 아이 엄마들에게 그 시간은 힘겨운 일상 속에 잠깐 찾았던 소소한 행복이었다는 사실을.

시간이 흘렀지만 그때 그 당시의 아이 엄마들을 생각하면 짠하고 안쓰러운 마음이 절로 든다. 얼마나 혼자서 아기 키우느라 고군분투하며 외롭고 힘이 들었을까?

한순간도 가만히 있지 않고 우는 아기를 어르고 나면 바로 먹여야 할 시간이 온다. 아기 주먹만큼의 양에 몇천 원씩 하는 두부, 당근 등 비싼 유기농 재료를 씻고 끓이고 식혀서 힘들게 마련한 음식을 아기는 두세 번 먹고는 이내 뱉어 버리기 일쑤다. 쫓아 다니면서 먹이고 닦고를 반복하고 나면 진이 빠진다. 아기를 먹이고 겨우 재운 뒤에 잠깐 집 정리를 하다 보면 또다시 깨서 운다.

혹시라도 혼자서 다니다 울거나 다칠까 봐, 아기랑 둘이 있을 때에는 화장실 문을 열고 용변을 본다. 심지어는 아기를 안고 볼일을 보는 경우도 많다.

남편은 같이 있으면 도와주려고 노력하는 편이지만, 집에 있는 시간 자체가 절대적으로 부족하다. 그러다 보니 정말 낙이 없다. 낙까지는 바라지도 않는다. 그냥 숨통만 트일 수 있었으면 좋겠다.

하루 종일 내 입에서 나온 말은 "밥 먹자. 아이고, 엄마가 안 와서 울었어요? 우리 아기 배고팠어요? 엄마 여기 있네, 까꿍." 등 대답도 없는 쳇바퀴 같은 말들이다.

아마도 단어 20개 정도로 하루를 사는 것 같다. 그나마 나를 위한 유일한 사치는 스마트폰이나 인터넷으로, 육아 카페에 들어가서 나와 같은 처지의 아기 엄마 글을 읽거나 소셜 커머스의 쿠폰이 떴을 때 기저귀나 세제 등을 사서 쟁여 놓는 것이다. 그마저도 다 육아와 관련된 것들이다. 정말이지 아기가 태어난 후로 나의 일상은 180도로 확 변했다.

꿀맛 같던 스마트폰 보기도 아기가 울거나 잠에서 깨면 끝이 난다. 아기가 울지 않고 나의 외로움을 해소하는 방법은 바로 외출이다. 신기하게도 아기는 밖에 데리고 나가면 덜 운다. 말을 깨치기 전에도 벌써 신발 들고 나가자는 의사 표시를 온몸으로 전달한다.

그런데 집 앞에 있는 놀이터에 나가서 노는 것은 정말 집에서 밥 먹이는 것만큼이나 따분하고 힘들다. 시소 몇 번, 미끄럼 몇 번 타고 나면 할 일도 없다. 햇볕도 내리쬐고 정말 따분하다. 게다가 혹시나 넘어져서 다칠까 봐 집에 있을 때보다 더 조심스럽고 주의 깊게 봐야 한다.

그래서 찾아낸 것이 바로 백화점이나 마트였다. 다들 느끼는 게 비슷한지 신기하게도 오후 1~4시쯤 되면 유모차에 아기를 싣고 온 내 또래의 아기 엄마들을 그곳에서 많이 본다.

요즘에는 백화점이나 문화 센터, 공공 도서관 등에서 무료 공연이나 만화 캐릭터들이 등장하는 특집 이벤트들을 무료로 체험하도록 기획하는 경우가 많은데, 얼마나 반가운지 달력에 표시해 두고 기다렸다가 꼭 보러 간다.

이러한 외출과 더불어 행복한 순간들은 바로 온라인 카페에서 동네

엄마들을 만나는 것이다. 동네 엄마들은 가까운 곳에 살아서 가볍게 만나기도 쉽고 형편이 비슷해서 잘 통한다. 이야기를 나누다 보면 어찌나 재미있고 시간이 잘 가는지 모르겠다.

어디 정육점 고기가 좋고, 어디 마트에서 물티슈가 1+1을 하고, 어디 맛집이 좋은지 알 수 있다. 가끔 아이 옷도 물려받고 장난감이나 반찬을 얻기라도 하는 날에는 그 엄마가 내 눈에는 데레사 수녀보다 자애로워 보이고, 전지현보다 아름다워 보인다. 작은 것을 주고받으면서 정말 돈독한 마음이 싹튼다.

아쉬운 수다를 뒤로하고 유모차를 끌며 집으로 돌아오는 길에 혼잣말을 해 본다.

"어멍들의 수다, 그것은 수다가 아니라 약이다!"

내가 회사에 가는 이유

아빠의 속마음

아내의 카드 고지서를 우연히 보았다. 가장 눈에 많이 띄는 사업장은 커피숍이었다. 일주일에 많게는 하루 정도를 제외한 6일을 그곳에 간 것 같았다. 매일같이 얼마나 많은 수다를 떨기 위해 웬만한 밥값보다 비싸다는 바로 '수다벅스' 커피숍으로 결재 내역이 도배가 되어 있었고, 백화점 안에 있는 패밀리 레스토랑들은 왜 그렇게 많이 갔는지 모르겠다. 이건 뭐 주변 아줌마들을 만났다 하면 어쩌다 가는 것도 아니고, 자주 가도 너무 자주 가니, 참 한숨이 절로 나온다. 카드 고지서가 눈에 안 들어왔다면 상관이 없는데, 반복되는 모습을 보고서 아내에게 한 마디 하고 말았다.

아내야, 잘 들어라! 웬만하면 쪼잔한 아빠가 되고, 속 좁은 남편이 되는 것 같아 이야기를 안 하고 싶었지만, 해 버렸으니 주워 담을 수는 없고, 이왕 쪼잔해지고 속 좁은 사람이 되어 버렸으니 내 진짜 속마음을 이야기하고 싶다.

당신은 이렇게 매일 아줌마들 만나서 수다 떨며 스트레스를 풀겠지만, 내 매일매일은 육아와 마찬가지로 쌓여 있는 일거리를 해치워야 하는 힘겨운 일상의 반복이라는 것을 알아주었으면 좋겠다. 아침 6시 30분이면 하루의 시작을 알리는 알람이 울린다. 나는 일어나야 한다. 하지만 오늘도 몸이 너무너무 무겁다. 역기를 든 것처럼 몸이 너무 무거워서 장미란 선수의 마음을 아주 잘 알 것 같다.

잠을 잤는데도 정말 너무 개운하지 않다. 다시 알람을 5분만 더 연장을 한다. 피로 누적이라 별 의미가 없다. 직장인의 어제는 피곤함이었고, 오늘도 피곤함이다. 그리고 내일은 피곤함일 테고, 다음 주도 피곤함일 것이다. 그렇다면 다음 달 역시 피곤함일 거고, 내년도 피곤함이다. 하지만 다음 생도 피곤함일 것이다. 그게 직장인인 나의 생활이다. 피곤하고 뻐근한 몸을 이끌고 겨우 일어난다. 정신을 차리고 둘러보니 아내와 아이들은 세상모르게 자고 있다. 조용히 깨지 않게 최대한 음소거 모드로 나갈 준비를 한다.

사실 어젯밤에 아내가 칭얼대는 아이와 고군분투했기 때문에 미안한 마음으로 혼자 일어나 조용히 나간다. 가는 길에 배가 고프다. 먹으면 천국을 간다는 '김밥천국'에 잠시 들러 썰지 않은 김밥을 한 줄 사서 호일에 말아 포장을 한 채로 꾸역꾸역 먹으면서 이른바 '지옥철'이라 불리는 지하철을 타고 이리 치고 저리 치이며 회사로 서두른다.

어느덧 회사 앞에 도착했다. 오늘의 업무는 역시 다람쥐 쳇바퀴 돌듯이 변함없이 똑같은 패턴으로 움직일 것이다. 그렇게 모든 게 반복되는 지겨운 곳이지만, 이제는 갈 곳도 없고, 기댈 곳도 없기 때문에 그저 나를 보며 의지하는 처자식을 생각하면서 억지로라도 회사 출입구에서 출근 카드를 찍는다.

강압적인 분위기가 감돌고 '나'란 없는 곳이지만 심호흡을 하고 표정 관리를 하며 사무실에 활기차게 들어간다.

"안녕하십니까?"

엉덩이 붙이고 앉아서 쌓이는 업무를 정말 화장실 갈 시간도 없이 정신없이 해치운다. 옆에서 2시간 간격으로 시작되는 상사의 시비 때문에 화가 머리끝까지 치민다. 늘 직장 상사와는 좋게 소통을 하고 싶었지만 조금만 비뚤어지면 바로 고통이 된다.

아내는 스트레스를 받아도 가족인 사랑스러운 아이들과 부딪히며 스트레스를 받지만, 남편은 스트레스를 받아도 정말 피 한 방울 안 섞인 애정 하나 없는 남과 부딪히며 스트레스를 받는다. 그럴 때마다 계단에 몰래 나와 건물로 둘러싸인 하늘을 보면서 긴 담배 연기를 뿜으며, 이런 생활을 몇 년이나 더 해야 하나라는 서글픈 생각을 한다. 언제인가부터 삶이 더 힘들고 고단하게 느껴지는 것만 같다.

저녁이 될 때까지 눈치 보고 일하며, 마음을 토닥이며 일을 하면 어느덧 저녁 무렵, 기다리던 퇴근이다. 이런 날은 회사 끝나고 옆자리 총각 최 대리처럼 좋아하는 동호회 활동도 하고 싶다. 그런데 꿈 같은 이야기일 뿐이다. 내 시간인데도 내 마음대로 하지 못한다. 집에 조금이라도 늦게 들어가면 눈치가 보이는 아내가 있기에 모든 것은 희망 사항일 뿐 현실은 언제나 나를 빡빡한 생활 속에 가두는 것만 같다.

가끔 내 삶은 내 것이 아닌 것 같은 생각이 든다. 물론 아내가 시킨

것도 아니다. 내가 선택한 이 삶을 나는 이대로 살아가는 것이다. 이렇게 나라는 인간은 현실에 맞춰서 꾸역꾸역 살아가고 있다.

그런데 하루가 멀다 하고 주변 아줌마들을 만나서 여유롭게 커피 마시고 백화점 돌며 패밀리 레스토랑에서 밥 먹고, 그것도 만난 지 얼마나 오래되어 얼마나 친하다고 매일같이 패밀리 레스토랑에서 함께하는지 정작 내가 패밀리인데 정말 서글프다.

또 우울할 때에는 수다를 떨면서 남편들 이야기하고, 그러다 다른 남편과 나를 알게 모르게 비교한다는 것이다. 사실 돈 잘 버는 남편 만나 떵떵거리며 돈 쓰고 다니는 주변 아줌마들 얘기를 들으면 들을수록 이 집안의 가장인 내 삶의 무게는 더 무거워지고 나의 등골은 더 휘는 것 같다.

충분히 잘 먹고 잘 살아야 할 값어치가 있는 아내와 자식들이기에 내 가족을 위해 희생하고 올인할 생각으로 살아가고 있다. 사실 그게 내 전부고 내 모든 생활의 이유이다. 다만 요즘 같은 때는 육아에 지친 아내 눈치 본다고 밤바다에 나 혼자 떠 있는 기분이다. 한없이 외롭다가도 어느새 그 외로움마저 잊을 정도로 정신없이 바쁘다. 그 바쁜 시간이 지나가면 퇴근 후에 또 쓰라린 공허함이 찾아오곤 한다. 그렇게 회사에 치여 집으로 돌아올 때면 혼잣말을 해 본다.

"오늘만큼은 아내가 나를 위해 너무 고생하는 거 아니냐며 따뜻한 말이라도 해 주며 손이라도 꽉 잡아 주면 좋을 텐데 ……."

그게 바로 내 마음의 상처를 치료할 수 있는 약인데 말이다.

커피는 아내들의 수다를 도와주는 친구입니다. 오늘도 아내는 수다로 스트레스를 풉니다. 이렇게 스트레스라도 풀지 않으면 정말 큰 마음의 병을 앓게 될지도 모릅니다.

비싼 커피 값이 아까운 남편들, 왜 비싼 커피를 마시느냐 타박하지 마세요. 놀라운 비밀을 하나 알려드릴게요.

아내에게는 스타벅스, 커피빈 같은 비싼 커피보다 남편이 타 주는 믹스 커피 한 잔이 더 보약이 된답니다.

그렇다면 남편의 아픈 마음은 무엇으로 달랠 수 있을까요? 아내들에게도 놀라운 비밀을 알려드리죠. 남편들은 더 쉬운 방법이 있답니다. 믹스 커피도 필요 없어요. 남편이 출근할 때 배웅하며 힘내라는 말 한 마디, 퇴근할 때 옷을 받아 주며 고맙다는 말 한 마디. 그 말 한 마디면 충분합니다.

아이의 끝없는 욕심

아이: 아─빠?

아빠: 왜?

아이: 나 장난감 카봇 댄디 사줘.

아빠: 며칠 전에 카봇 사줬잖아, 뭘 또 사줘.

아이: 그때 사준 건 카봇 아티였고!

아빠: 그럼 그 전에 사준 카봇은?

아이: 그건 카봇 호크잖아.

아빠: 뭐 이렇게 종류가 많아?

아이: 아─빠, 나 댄디 사줘!

그렇게 아빠는 장난감 매장에서 카봇 댄디를 사줬다. 며칠 뒤,

아이: 아─빠?

아빠: 왜?

아이: 나 카봇 펜타스톰 사줘.

아빠: 펜타스톰 그건 또 뭔데?

아이: 그건 이번에 새로 나온 건데, 변신 자동차 네 개가 합해지면 로
봇이 되는 거야.

아빠: 그럼 자동차 네 개를 다 사 달라는 말이야?

아이: 아─빠, 나 펜타스톰 사줘.

그렇게 아빠는 중고 나라에서 카봇 펜타스톰 미개봉 새 상품을 직거래로 사줬다. 며칠 뒤,

아이: 아-빠?

아이: 왜?

아이: 나 자동차 사줘.

아빠: 너 그때 사준 자동차들 벌써 다 질린 거야?

아이: 아-빠, 나 자동차 또 사줘.

아빠: 알겠어. 이번에는 도대체 뭔데?

아이: 응! 이번에 새로 나온 건데. 중형 세단 2000cc야. 자차 보험 들어서 새로 사줘.

그렇게 아빠는 자동차 대리점에서 중형 세단을 사줬다. 그리고 며칠 뒤,

아이: 아-빠?

아빠: 왜? 이번엔 도대체 뭔데? 또 뭘 사줘야 되는 거야?

아이: 이번에 새로 나온 건데, 세종시에 땅 두 필지야. 개발 예정 구역이고 세종 간 고속도로가 뚫리기 때문에 전망이 좋아.

그렇게 아빠는 부동산에서 세종시 개발 예정 구역 땅 두 필지를 사줬다.

나에게는 눈에 넣어도 아프지 않을 끔찍하게 사랑스러운 딸이 있다.

그런데 오늘은 왠지 모르게 기분이 썩 좋지가 않다. 오랜만에 만난 친구 녀석이 내 딸을 보더니 용돈을 주는 거다.

참 내 친구지만 쟤는 옛날부터 인정이 많던 괜찮은 녀석이다. 그런데 이런 말을 하면서 준다.

"아이고, 그놈 아빠를 쏙 빼닮았네. 허허허."

닮은 건 닮은 건데, 그 뒤에 웃음은 뭘 의미하는 걸까? 내 친구지만 쟤는 옛날부터 말로 다 까먹는 걸로 유명하다니까.

오늘 공돈이 생겼는데도 기분이 참 그렇다.

놀이에 대한
아내와 남편의 진짜 속마음

휴일 아침, 속 터진 아내

엄마의 속마음

어린이집에 가지 않는 일요일 아침이다. 심심하고 답답하다며 졸라대는 아이를 데리고 놀이터에 갔다. 평일에 열심히 일하고 일요일은 나도 쉬고 싶은데 힘든 몸을 이끌고 놀이터에 갔다.

그런데 놀이터 곳곳에서 아이들과 놀아 주는 아빠들이 많다. 아빠 혼자서 애 둘을 데리고 와서 놀아 주는 모습도 보인다.

요즘 키즈 카페나 체험 학습장 같은 곳에 가면 유난히 아빠들이 눈에 많이 띈다. 엄마들보다 더 많은 아빠들이 육아에 관심을 갖고 적극적으로 참여하고 있다.

순간, 육아는커녕 일요일에 잠에 빠져 허우적거리고 있는 우리 집의 그이가 생각이 난다. 아이들이 놀아 달라고 소리치며 야단법석을 떨어도 꿈쩍하지 않고 자고 있는 미련 곰탱이 말이다.

휴일 아침, 아이들을 데리고 나와 놀아 주는 가정적인 아빠들을 보니 우리 아이들이 참으로 불쌍하게 느껴진다. 더불어 나도 참 처량하다.

휴일 아침, 속 타는 남편

아빠의 속마음

    일주일에 단 하루밖에 없는 일요일 아침이다. 오늘을 위하여 6일 동안 열심히 버티며 기다린 휴일이다. 더구나 어제 토요일 동료들과 함께 업무 스트레스를 풀기 위해 한 잔을 했다. 다음 날이 일요일이기 때문에 부담 없이 마셨다.

    일요일 아침 꿀잠에 빠져 있는데, 아내는 아이가 답답하고 심심해하니까 놀이터에라도 데려가라고 나를 깨운다. 더 자고 싶고 진심으로 눈 뜨기가 싫다. 이렇게 일주일에 단 하루만이라도 늦잠을 잘 수 있기를 간절히 바란다. 더욱이 아직은 이른 아침이다.

    조금만 더 자고 오후에 놀아 주겠다고 잠결에 말했다. 반쯤 감은 두 눈에 비친 아내는 나를 적잖이 한심하게 보는 것 같았다. 하지만 이런 자존심마저도 잠을 이길 수는 없었다. 미안하다는 말과 함께 다시 이불을 뒤집어썼다.

    시간이 얼마나 흘렀을까. 눈을 떠 보니 아내와 아이들은 없고 집 안에는 싸늘한 기운이 가득하다. 누군가가 나를 원망하는 듯 양쪽 귀가 간지럽다. 아내는 피곤한 몸을 이끌고 아이들과 놀이터에 나갔나 보다. 요즘 아이들과 놀아 주는 아빠가 많은 것은 알고 있다. 아내는 나를 원망할 것이고, 나는 이기지 못한 잠을 원망하고 있다. 늦잠을 잤지만 미안한 마음에 기분이 찝찝하고 개운하지 않다. 왠지 왕따가 된 것 같아 옷을 입고 놀이터에 나가야 하는지 고민에 빠져 본다.

어제 먹은 술로 속이 쓰리고 배도 고프다. 어떡하지? 지금이라도 아무 일도 없었던 것처럼 뻔뻔하게 놀이터에 가서 아이들과 놀아 줘야겠다. 그래야 밥도 얻어먹을 수 있으니 말이다. 일주일을 기다렸던 휴일에 눈을 뜨자마자 이런 고민에 스트레스가 쌓이는 내가 참 불쌍하고 처량하다.

휴일에는 아이와 놀아 주기라는 또 다른 전쟁이 기다립니다. 아이들도 어린이집 다니느라 엄마, 아빠가 보고 싶어도 참느라 무척 힘들었겠지요.

우리 아이들에게 필요한 것은 서로 밀어내기보다는 줄다리기인 것 같습니다. 아이들이 나중에 커서 용돈을 많이 준 부모가 아니라 휴일에 자기와 많이 놀아 주었던 부모를 더 선호하지 않을까요?

피곤해도 아이들과 놀아 주며 내 편으로 만듭시다.

욱하는 아내

엄마의 속마음

    나는 내 아이를 사랑한다. 이 세상 그 어떤 것과도 내 아이를 바꿀 수 없다. 귀하고 소중한 보물이자 내 생명과 같다. 그런데 이상하게도 요즘에 분노를 조절하기 어렵다. 내 기분에 따라 오락가락하는 경우가 많다. 아이가 같은 실수를 해도 아주 기분이 좋을 때에는 너그럽게 넘기다가도 기분이 안 좋거나 피곤하면 아이에게 버럭 소리를 지르곤 한다.

    양육자는 일관된 방식으로 훈계를 해야 한다. 같은 행동에 대해 기분에 따라 들쭉날쭉 다르게 반응을 하는 것은 아이에게 좋지 않다는 사실을 나도 잘 알고 있다.

    아이의 실수를 받아 주고 참고 기다려 주는 것이 여간 힘든 게 아니다. 기껏 집 안을 다 정리하고 나면 바닥에 우유를 쏟거나, 옷을 갈아입혀 놓고 나면 물을 잔뜩 묻혀 온다.

    질문이 많고, 말이 어찌나 많은지 모르겠다. 서너 번 대답해 줬으면 이젠 그만 좀 했으면 좋겠는데, 계속 질문을 해댄다. 오전에 한바탕 놀

앉으면 잠이라도 잤으면 좋겠는데, 어찌나 체력이 좋은지 아직도 멀쩡하다. 잠깐 쪽잠을 자고는 기가 막히게 컨디션을 회복하고 놀아 달라고 떼를 쓴다.

아이를 키우면서 일어날 수 있는 자연스러운 상황들인데, 나는 내 기분에 따라 아이에게 버럭 화를 낸 적이 많다. 정말, 어떤 때에는 내가 소리를 지르면서도 '옆집에서 아이를 학대한다.'고 오해할 수도 있겠다는 생각이 들 정도다.

나는 아이의 모든 행동을 언제나 포용해 주는 엄마가 되고 싶은데, 그게 쉽지가 않다. 왜 나는 화를 조절하지 못하는 것일까? 특히 밖에 나가면 더욱 더 아이를 옥죈다.

"뛰면 안 돼!"

"만지면 안 돼!"

"조용히 해야지!"

공공장소에서 다른 집 아이들이 마구 뛰어다니고 어지르며, 다른 사람들에게 피해를 주는 행동을 보면 그 아이의 엄마는 도대체 뭐하는 사람인지 눈살을 찌푸리고, 속으로 쯧쯧거리게 된다. 뛰는 내 자식이 내 눈에는 예뻐 보이지만, 다른 사람에게는 전혀 그렇지 않기 때문이다. 혹시 내가 그렇게 될까 봐 밖에 나가면 어찌나 남들 눈을 의식하는지 모른다. 그래서 아이의 행동을 엄청 통제한다.

특히 우리 아이는 밖에 나가면 무슨 버튼이나 키는 모조리 자신이 눌러야 한다. 현금 인출기 버튼도, 엘리베이터 버튼도, 현관문 키도 누군가 먼저 누르면 난리가 난다. 뭐든지 자신이 눌러야만 직성이 풀린다.

아파트에 들어가는 입구에서 번호를 누를 때 뒤에서 다른 사람이 기다리는데 빨리 눌렀으면 좋으련만, 아이는 하나하나 천천히 누른다. 나도 모르게 뒤에서 기다리는 사람들을 의식하게 된다.

"뒤에서 기다리시잖아, 빨리 눌러야지. 엄마가 이번만 누를까?"

들은 척도 하지 않고 장난을 치며 천천히 자기가 누른다. 게다가 기껏 누르고 났더니 "잘못 입력했습니다, 다시 눌러 주세요." 이런 멘트라도 나오면 완전 낭패다. 그때에는 다시 입력하려는 애를 왼손으로 제지하고 오른손으로 급하게 비밀 번호를 눌러 뒷사람이 들어갈 수 있게 한다.

아이는 울면서 "엄마, 미워!"를 외친다. 그러면 조용히 하라고 또 소리를 지른다. 그런데 어느 순간, 나의 통제로 인해 고통스러워하는 아이의 표정을 보았다.

이 사람들은 다시 볼 사람들도 아닌데, 도대체 내가 무엇을 위해서, 누구를 위해서 내 아이에게 상처를 준다는 말인가? 뛰어놀고, 질문하고, 소리 내어 이야기하는 것은 무척 당연한 행동이다. 그런데 집에 와서도 기죽어 있는 아이의 표정을 보면서 얼마나 미안하고 죄책감이 들었는지 모른다.

남의 시선을 엄청 의식하는 엄마 때문에 통제만 당한 내 아이가 얼마나 안쓰럽고 미안한지 모르겠다.

가끔 감상적인 날 밤에는 자고 있는 아이의 모습을 보며, 끝없는 죄책감과 미안한 마음이 들어 가슴이 먹먹하기도 하다. 아이의 성향이나 실수를 다 이해해 주고, 받아 주고, 신나게 놀아 주는 좋은 엄마를 만났으면 잘 자랐을 아이인데 말이다.

일중독에 빠진 나는 어쩌다 하는 작은 실수에도 분노 조절을 하지 못하고, 늘 지쳐 있는데다가 아무도 쳐다보지 않는데 남의 눈은 어찌나 의식하는지 모른다.

성질이 고약한 엄마를 만나서 오늘 하루도 욕먹고, 제지당하고, 구박받으며, 마음의 상처를 입었을 아이를 생각하니 미안하고 속상해서 가슴이 아프다.

자는 아이를 깨워서 "내일부터는 정말 좋은 엄마가 되어 줄게, 진짜 미안해."라고 말해 주고 싶다. 지금부터라도 이 결심이 지켜지길 간절히 기도해 본다. 버럭 화내고, 금세 미안해하고, 그러다 또 버럭 화내고, 금세 미안해한다. 아주 가끔 기분 좋은 일이 생기거나 컨디션 좋은 날에는 한없이 너그러워지기도 한다.

나는 도대체 왜 이런 것일까? 돌아보니, 내가 육아를 하며 가장 힘들었던 것은 나의 분노 조절 실패와 아이에 대한 죄책감이었던 것 같다.

울컥하는 남편

아빠의 속마음

    나는 내 아내를 사랑한다. 이 세상 그 어떤 것과도 바꿀 수 없다. 귀하고 소중한 보물이자 내 생명과 같다. 그런데 이상하게도 요즘 아내는 아이를 보며 분노를 조절하지 못한다. 아이가 같은 실수를 해도 어떤 날은 받아 주고 어떤 날은 받아 주지 않는다. 사실 그런 행동들은 남편인 나에게도 예외는 아니다.

    물론 아이와 나를 대할 때 종종 일어나는 착오를 인정하고 받아 주고 참고 기다려 주는 것이 여간 힘든 게 아니라는 것을 잘 알고 있다. 하지만 아이니까 바닥에 우유를 쏟을 수도 있고, 옷을 갈아입혀 놓았지만 물을 잔뜩 묻혀 올 수도 있는 노릇 아닌가? 아직 아이니까 말이다.

    세상의 모든 것을 신기해하는 많은 호기심으로 가득 찬 아이가 많은 질문을 하면 성심성의껏 대답해 줬으면 좋겠는데, 어떤 때에는 정말 시큰둥하게 대답하거나 아예 대답을 하지 않는 때도 있다. 옆에서 보면 아내의 행동들이 조금은 못마땅할 때가 있는 것도 사실이다.

아내는 아이가 뛰는 것, 어지르는 것, 특히 비싼 옷에 뭔가 묻히는 것을 엄청 싫어한다. 내가 자는 것, 늦게 오는 것, 혼자서 스마트폰을 보는 것도 극도로 싫어한다. 아이는 무조건 깨끗하고 바른 자세로 조용히 장난감을 가지고 놀아야 하며, 나는 벌떡 일어나 척척 집안일을 돕고, 아이를 데리고 밖으로 나가 뛰어 놀아 주어야 한다.

자기 뜻대로 되지 않으면 아이와 나에게 고래고래 소리를 지르며 온갖 스트레스를 다 푼다. 체력이 좋아 뛰어놀고 싶어 하는 아이는 잠을 못 재워서 안달이고, 업무로 지친 나는 잠을 못 자게 해서 죽을 맛이다.

호기심이 왕성한 아이가 뛰어놀고, 피곤한 남편이 잠을 자는 것은 모든 가정에서 일어날 수 있는 자연스러운 일들이다. 하지만 아내는 자기가 옳다고 생각하는 풍경이 아니면 굉장히 화를 낸다. 내가 두 살이나 더 많은데, 적어도 나는 자기보다 더 먼저 태어났음에도 불구하고 모든 걸 구분하지 않은 채 나를 아이 취급하면서 버럭 화를 낸 적이 많고, 간혹 욕도 한다.

가끔 아내가 아이들과 나에게 소리 지르는 것을 보면 정말 옆집에 있는 사람들은 '저 집에서 학대가 일어난다.'고 생각할 수도 있겠다는 생각마저 든다.

아빠인 나 같은 경우는 진정 아이의 모든 행동을 언제나 포용해 주려고 노력하는 편이다. 하지만 아내는 그렇지 않다. 뛰고 싶어 하는 아이에게 "뛰면 안 돼!", 호기심 가득해 만지고 싶어 하는 아이에게 "만지면 안 돼!", 한참 말문이 트여 떠들어야 할 아이에게 "조용히 해야지!", 비즈니스를 해야 할 남편에게 "어디야, 왜 안 와? 빨리 집에 와!" 등.

스트레스가 심해 술 한 잔으로 간단히 위로를 받고 싶은 남편에게 "어디야? 술 먹을 돈이 어디 있어? 빨리 집으로 들어와!"

오랜만에 친구와 약속이 잡힌 남편에게 "어디야? 생활비도 없는데 왜 친구를 만나? 빨리 집에 와!"

몸이 고단해 곧장 누우려고 하는 남편에게 "씻어, 씻고 와!"

피곤한 날도 봐 주지를 않는다. 그리고 늘 남편에게 "애 좀 봐! 애 좀 씻겨! 방 좀 치워!"

결국 아내는 남편에게 "어디야? 누구랑 있어? 술 먹지 마! 돈도 없는데 빨리 와! 좀 씻어! 애랑 좀 놀아 주고 방 좀 치워!" 그리고 종지부를 찍는 한 마디, "들어오지 마!"

집안의 가장인데 집에 들어갈 자격을 박탈해 버린다. 그렇다면 아내는 아이들에게 바라는 게 무엇일까? 그리고 나에게 가장 바라는 게 무엇일까? 정말 아내의 이런 말들은 나의 기운을 빼앗고, 우울하게 하며, 정말 어떤 때에는 서글프고 울컥한 마음까지 든다.

남자들에게는 칭찬이 가장 좋은 선물이고 채찍이다. 하지만 정작 여자들은 언제 어떻게 칭찬을 해야 좋은지를 잘 모르는 것 같다. 특히 외출을 할 때 아내는 남의 시선을 의식해서 그런지 행동이 조금만 이상해도 아이나 남편에게 면박을 줄 때가 많다. 남의 시선이 그렇게 중요한가? 남보다 못한 나는 그래서 남의 편인 남편인가?

또 당황스러운 것은 때로 자신의 행동에 대해 지나치게 미안해하며 반성한다는 것이다. 앞으로는 부드러운 엄마, 상냥한 아내가 되겠다며 다짐하고 미안하다는 말을 많이 한다. 아내의 이런 모습을 보면, 참 안쓰럽기도 하고 이상하기도 하다. 하지만 모든 것은 반복된다.

아내는 이내 반성 모드에서 벗어나 또 욱하고 소리 지를 것이고, 또 다시 어느 순간 조용한 모드로 변해서 미안하다며 상냥하게 대해 줄 것이다. 아내는 도대체 왜 이런 것일까?

아내가 알아 줬으면 좋겠다. 남편인 나와 자식인 아이들이 아내가 하는 말과 욕, 구박을 잘 모르는 것 같지만 사실은 많이 상처받고, 아프다는 사실을 말이다.

엄마는 왼쪽 핸들을 잡고, 아빠는 오른쪽 핸들을 잡고 왼쪽으로 넘어질 찰나 엄마는 왼쪽 핸들에 힘을 줍니다. 오른쪽으로 넘어질 찰나 아빠는 오른쪽 핸들에 힘을 줍니다. 서로 한쪽으로만 당기면 아이가 탄 자전거는 넘어집니다.

각기 다른 방향에서 커버를 해 줘야 우리 아이들은 중용의 마인드를 배웁니다.

오밤중 변기 청소의 묘미

아빠의 속마음

육아에 지친 아내는 항상 남편이 못마땅하다. 남편도 이 사실을 알고 있지만 바쁜 업무와 누적된 피로로 사실상 육아에 도움을 주지 못하고 있다. 오늘도 어김없이 끝없는 술자리가 이어졌다. 늦은 시간까지 얼큰하게 술을 마시고 집에 들어왔는데, 아내는 거실에서 남편을 기다리고 있었다.

아내의 모습은 여전히 아이들 때문에 지쳐 녹초가 되어 있는 초췌한 모습이었고, 그런 모습을 보니 남편은 그저 짠할 수밖에 없었다.

"여보, 내가 도움을 주지 못해 서운하지?"

"……."

아내는 아무런 대답을 하지 않았다.

"알아, 내가 많이 밉다는 거!"

"……."

역시 아내는 말없이 화장실로 향했다. 그래도 양심껏 아내에게 따뜻한 말을 건넸다는 생각에 마음은 한결 편안해졌다. 그렇게 10분이 지나고 아내는 화장실에서 나왔다.

"화장실에서 뭐 한 거야?"

"변기 청소 좀 했어."

"갑자기 오밤중에 왜 변기 청소를 해?"

"그냥 너무 열 받을 때 변기를 깨끗하게 닦고 나면, 분한 기분이 조금은 풀리더라고."

"진짜?"

"……."

놀라는 나의 말에 또다시 입을 닫고 아내는 방으로 들어갔다. 스트레스 받은 것을 청소로 풀다니 내가 결혼을 참 잘한 것 같다는 생각이 든다. 화날 때마다 비싼 가방을 사거나 소리 지르며 애를 잡는 사람도 많은데, 스트레스도 풀고 집도 깨끗하게 청소하니 참 좋은 것 같다. 한편으로 생각하니 안쓰럽기도 하고, 사랑스럽기도 하다. 앞으로는 아내에게 잘 해 줘야겠다.

오밤중 변기 청소의 묘미

엄마의 속마음

    남편은 오늘도 회식이라고 했다. 그놈의 회식은 왜 그렇게도 많은지 모르겠다. 회사에 가서 일하고, 일 끝나면 집으로 오면 될 것이지 왜들 그렇게 떼거지로 모여서 밥을 먹어야 하고, 술을 꼭 마셔야 하는지 정말 모르겠다. 아예 법령으로 규제했으면 좋겠다.

    영유아를 가진 아빠는 회식에 참석하지 못하게 하든지 참석하더라도 밥만 간단히 먹고 바로 집으로 귀가하는 법령 말이다. 둘째 아이는 나한테서 떨어질 줄을 모르고, 이제 말로 의사 표현을 좀 하기 시작한 첫째 아이는 아빠를 찾는다.

    "엄마, 아빠는 언제 와요? 아빠 지금 오고 있어요? 아빠 보고 싶다." 나는 목소리라도 듣게 해 주려고 남편한테 전화를 걸었지만 받지 않는다. 무슨 대단한 일을 한다고 전화도 받지 않으니 슬슬 화가 난다.

    드디어 시끌벅적 뛰고, 울고, 칭얼대고 정신없는 저녁 일정을 끝내고 아이들은 깊은 잠에 빠졌다. 나의 벅찬 하루 일정이 겨우 끝난 것이다.

한숨을 돌리고 소파에 앉아 시계를 봤다. 밤 12시 3분이다. 결국 오늘도 남편은 밤 12시를 넘겼다.

호랑이도 제 말 하면 온다고, 이래저래 화가 나서 마음을 삭이고 있는데 술에 취한 남편이 흥얼흥얼 노래를 부르며 들어왔다. 술 취해서 불그레한 얼굴하며, 휘청거리는 몸짓과 술 냄새, 게다가 해롱거리는 목소리도 듣기 싫고 짜증이 난다. 나랑 눈이 마주치자 남편은 히죽 웃으며 말을 걸었다.

"아직도 안 자고 기다리고 있었어?"

"……"

냉랭한 나의 표정에 남편은 나를 이해한다는 듯이 두 팔을 휘젓고 고개까지 끄덕이며 말을 한다. "여보, 내가 도움이 안 돼서 서운하지? 알아, 내가 많이 밉다는 거!"

말을 들을수록 더 화가 났다. 알면 좀 고치든가. 진짜 한 마디도 대꾸하기가 싫다. 술 취한 사람하고 싸워 무슨 소용이 있겠는가? 내일 아침이면 기억도 못할 것이 뻔한 일인데 말이다.

그런데 이렇게 화가 나는 감정을 어떻게 추슬러야 하는지 모르겠다. 이 밤중에 소리를 크게 지를 수도 없고, 밖에 나갈 수도 없다. 그렇다고 남편을 때릴 수도 없고, 누구한테 전화할 사람도 마땅치 않다. 마음이 답답하고 분노가 가시지를 않는다. 결국 나는 화장실로 갔다. 남편의 파란색 칫솔로 청소를 시작했다. 변기, 세면기에 낀 물때 등을 꼼꼼히 청소하고서 칫솔을 다시 제자리에 두고 나왔다. 남편이 나를 보고 눈이 동그래졌다.

"갑자기 오밤중에 변기 청소는 왜 해?"

"그냥 너무 열 받을 때 변기를 깨끗하게 닦고 나면, 분한 기분이 조금은 풀리더라고." 남편 얼굴에서 흡족한 미소가 보인다. 나도 피식 웃음이 난다.

매일 아침 양치를 하면서도 자기 칫솔이 심하게 헤진 것을 모르다니 둔감한 건지, 미련한 건지 모르겠다.

🦋 | 힐링 메시지 | 어제 깐 콩깍지가 깐 콩깍지인가 안 깐 콩깍지인가?

벌써 콩깍지가 벗겨졌군요. 결혼하기 전에는 전부 예뻐 보이고 멋져 보인다고 하더니 벌써 벗겨졌습니까, 스스로 벗겨 냈습니까?

콩깍지 아직 벗겨 내지 마시고 연애할 때처럼 콩깍지 한 번씩 더 씌웁시다. 콩깍지는 유통 기한이 없습니다. 평생 동안 쭉 갑니다.

육아하는 엄마 선배의 구구절절한 제안 - 대화하라!

아빠 육아 예능 프로그램이 엄마들 사이에서 인기가 많지만 나는 잘 보지 않는다. 언뜻 보아도 뭐라고 해야 하나, 무척 괴리감이 느껴진다.

보면 알겠지만 집이 아주 넓고 깨끗하다. 더구나 그곳에 있는 육아용품들을 보았는지. 장난감 같은 것들도 하나하나 몇십만 원짜리들이다. 비싼 전집도 쭉 세트로 있고, 듣지도 보지도 못했던 최신 육아용품들도 속속들이 등장하고 있다.

게다가 키도 길쭉길쭉 큰데다 깔끔하게 차려입은 연예인 아빠가 아이의 표정 하나하나에 관심을 갖고 돌봐 준다.

집인데도 프로그램 속의 엄마는 현실처럼 늘어진 면 티셔츠에 남편 운동복을 입고, 머리를 하나로 질끈 동여맨 경우는 없다. 화장을 한 듯 안 한 듯 그리고 자연스러우면서 너무나 잘 어울리는 옷들을 검색해 보면 하나같이 엄청 비싼 명품 옷인 경우가 많다.

육아 예능 프로그램에서는 잡히지 않지만 이런 프로그램이 방영되기 위해서는 보이지 않는 곳에서 집안일을 도와주는 분들이 있을 거란 생각이 든다. 그 정도 육아라면 로열패밀리의 육아가 아닌가 싶다. 그런 육아라면 나도 할 수 있다.

다른 사람들이 일을 다 도와 주고 남편이 애 봐주고, 집 넓고 깨끗하고 내 사랑스러운 아이가 비싼 육아용품에 둘러싸여 저렇게 행복해하는데 얼마나 좋겠는가. 이런 식의 육아는 엄마한테 있어서 가끔씩 놀러 오는 '시부모님 육아'와 같다고 생각한다. 얼마나 편할까!

"손주 보러 왔다." 하고 집에 오시면 며느리가 집도 다 치워 놔, 밥도 다 차려드리니 "애, 똥 쌌다. 기저귀 갈아라."고 말만 하면 알아서 다 관리하니까 손주의 가장 예쁜 모습만 보며 '우르르 까꿍' 하면서 잘 놀아 주기만 하면 되는 것이다.

현실과는 다른 '리얼'을 가장한 육아 방송 프로그램이기 때문에 육아 예능 프로그램을 잘 보지 않는다.

하지만 육아 프로그램이 이토록 인기 있는 이유가 무엇일까? 아마도 그만큼 육아로 힘들어하는 엄마, 아빠들이 많기 때문이다. 예전에 우리 할머니, 어머니 시절에는 자녀를 열 명 이상씩도 낳아서 길렀다. 어떻게 기르셨는지 이야기 들어보면, 그냥 먹이고 재우고 하루 종일 집 안팎으로 자유롭게 풀어놓으면 아이끼리 서로서로 도우며 스스로 알아서 자랐던 것 같다.

하지만 그때와는 달리 현재는 아이가 한두 명 정도인데다가 그 아이를 부모가 정말 온 관심을 쏟으며 작은 행동 하나하나 모두 신경을 쓰고 관리하면서 키운다. 심지어 놀이 공간도 입장료나 수업료를 내고 들어가서 놀도록 한다.

이 말은 결혼을 하고 아이를 낳은 부모에게는 육아가 매우 큰 관심사라는 것이다. 두말하면 잔소리이다. 특히 아이를 키우는 엄마에게는 육아가 그때 당시의 삶의 전부라고 할 수 있을 정도로 끝없이 겪어 나가야 하는 현실이다.

그러니까 관심이 갈 수밖에 없다. 프로그램에 등장한 모자, 딸랑이 등의 육아용품을 구입하는 마음 이면에는 처절하게 힘든 나의 일상도 저렇게 되었으면 좋겠다는 바람이 있지 않을까?

많이 힘든 아내에게 큰 힘이 되는 사람은 친정 엄마와 남편이다. 친정 엄마는 특수한 경우를 제외하고는 온몸이 부서져라 도와주시려고 애쓰신다. 지친 모습으로 돌아가시는 친정 엄마의 뒷모습에 눈물 흘려 본 적이 있는 사람도 많을 것이다. 친정 엄마가 해 줄 수 있는 것은 한계가 있다.

하루하루 이곳저곳 아픈 곳이 늘어나는 엄마를 보노라면 눈물이 절로 난다. 사실 나와 남편의 아이인데, 엄마가 너무 고생하시는 것도 너무 죄송할 뿐이다.

남편이 많이 도와주었으면 좋겠다는 생각이 든다. 그렇다면 내가 내 남편에게 바라는 게 무엇일까? 육아 예능 프로그램에 나오는 연예인 아빠처럼 해 주면 좋을까? 하지만 현실은 그렇게 되기 어렵다.

이벤트성으로 단순하게 한 번씩 놀아 주고 이런 것을 원하는 것이 아니다. 그렇다고 매일매일 규칙적으로 아이와 놀아 줄 수도 없다는 사실 또한 잘 안다.

연예인 아빠는 스케줄을 조정하면 가능할지 모르겠지만, 내 남편이 규칙적인 육아를 위해 회사를 쉰다는 것은 불가능한 현실이다. 주말에는 남편이 좀 자야 한다는 것도 안다. 주말에 가족들을 위해 이벤트를 계획하고 나들이할 수 있게 해 주면 정말 좋겠지만, 사실 체력적으로나 심적, 경제적으로 그렇게 할 수 없는 아빠가 많다.

만약 그럴 여유가 없는 남편을 협박과 갖은 방법을 동원해서 쥐어짠 뒤에 그렇게 하도록 억지로 만든다면(물론 실현 가능성은 매우 낮지만) 몇 년 이내에 남편은 회사에서 해고되거나 큰 병에 걸릴지도 모른다. 그런 건 바라지도 않는다.

누군가가 나에게 남편에게 가장 바라는 게 무엇이냐고 묻는다면, 내 이야기에 귀 기울여 주는 것이라고 할 것이다. 무심하게 바라보는 것이 아니라 함께 호응을 해 주면서 내 이야기를 좀 들어주기를 원한다.

남편이 퇴근하고 들어오면 본체만체하고, 말을 걸면 짜증과 화를 내니까 남편이 "도대체 내가 뭘 잘못한 거야?"고 물은 적이 있다. 그래서 "내 말에 큰 의미를 두지 마. 내가 미쳤다고 생각해. 그냥 정신병에 걸렸다고 생각하고 나를 불쌍하게 생각해 줘. 오른쪽 귀로 듣고 왼쪽 귀로 흘려 보내!"라고 말을 했다.

남편이 잘못한 게 아닌데도 하루 종일 아이한테 시달리고 나면 저녁이 되면 신경질이 마구 나고 힘이 들 때가 있다. 그러면 남편이 거실을 걸어 다니는 소리, 냉장고 문을 여닫는 소리마저도 짜증이 난다. 그냥 눈에 띄면 냉랭한 시선으로 쏘아보고 퉁명스럽게 말을 하는 것이다. 그러다 보면 남편이 받아 줄 때도 있고, 남편도 밖에서 힘이 들었던 날은 싸움으로 이어지게 된다.

아이를 키우면서부터 친구가 없어진 나는 언제인가부터 밤 늦도록 남편을 기다렸다. 그리고 밥이나 간단한 간식을 챙겨 주면서 남편에게 이 것저것 하소연을 했다.

신기하게 저녁이나 밤에 하루 종일 육아에 시달리며 힘들었던 일을 남편에게 이야기할 때 그것을 남편이 들어 주는 것만으로도 은근히 스트레스가 풀렸다.

따로 특별한 준비물이나 장소도 필요 없고, 돈도 안 들이고 내가 처한 상황에서 스트레스를 풀 수 있는 최고의 해결법은 바로 부부 간의 대화였던 거 같다.

동네 아주머니들이나 동료에게 속 얘기나 이런저런 이야기들 많이 하는데, 화가 나서 풀어놓긴 했지만 사실 비밀 보장이 잘 안 된다. 내가 말한 것들을 기억도 못하고 있다가 언젠가는 내 뒤통수를 칠 수도 있다.

나름 사회생활을 하다 보니 참 사회가 무섭고 살벌한 곳인 것을 안다. 오늘의 친구가 내일의 적이 될 수도 있다. 누가 뭐라 해도 제일 안전한 것은 내 가족뿐이다.

내 가족한테 말하거나 아니면 혼자 스마트폰 녹음기에라도 푸념을 늘어놓는 것이 낫다. 대나무 숲에 대고 "임금님 귀는 당나귀 귀!"라고 외친 것처럼 말이다.

이건 별개의 이야기이지만, 교사 생활을 하다 보면 엄마들의 갈등을 꽤 많이 듣고 보게 된다.

아이가 나중에 유치원이나 학교에 가게 되면 아이와 같은 반 엄마들끼리 모임도 가지는데, 지나치지 않을 정도의 적정선을 긋고 지내길 진심으로 권고한다.

어쨌든 본론으로 다시 돌아와서, 남편도 회사에서 있었던 일을 아내에게 말하고 서로 이야기를 주고받으면서 해결하는 아름다운 풍경이 만들어진다면 지치고 힘든 육아에 조금이라도 도움이 되지 않을까 하는 생각을 해본다.

육아하는 아빠 선배의 구구절절한 제안 - 나눠라!

이 시대의 육아는 절대 엄마 혼자만의 몫이 아니다. 요즘에는 육아와 일을 병행하는 워킹맘도 많다. 아직도 "엄마잖아, 엄마니까 당연한 거 아냐? 여자가 집안일과 양육의 책임이 대부분 있는 거 아냐?"라고 말하는 사람들도 있을 것이다. 맞벌이 부부가 늘어나고 있는 이 시대에 육아는 순전히 엄마의 몫이 아니다. 하지만 이 문제에 대해 개그 프로그램에 나왔던 부분을 인용해 쉽게 풀어본다.

아이가 태어났다. 아이를 돌보며 해야 할 일들이 장난이 아니다. 이런 육아 문제, 명확히 공동 분담하면 쉽게 해결할 수가 있다. 우선 육아의 분담 방법에 대하여 알아보자.

서로의 역할 깨우치기

아이의 상체는 엄마가 맡는다. 아이의 하체는 아빠가 맡는다. 아이의 상체에는 아이의 입이 있다. 즉 먹이는 것은 모두 엄마의 역할이다. 아이의 하체에는 엉덩이가 있다. 즉 싼 걸 치우는 것은 모두 아빠의 역할이다. (남자는 신체 구조상 아이의 상체를 책임질 수가 없다. 다만 아빠에게서 모유(母乳)가 아닌 부유(父乳)가 나온다면 그때에는 역할을 유동적으로 바꿀 수도 있다.)

우선 아빠는 생후 열 달 동안 최선을 다해서 우선적으로 아기를 돌봐야 할 의무가 있다. 이유는 그 전에 이미 열 달 동안 엄마가 아이를 품고 있었기 때문이다. (물론 열 달 동안 아이를 품고 있었을 당시에 아내는 남편에게 뭘 먹고 싶다는 등 종종 부려 먹었다면, 간혹 아빠도 엄마를 향해 그런 되빠꾸(?) 찬스를 쓸 수도 있다.)

그 이후의 역할이 문제이다. 아이들마다 발달의 차이가 있어 정확하게 정해진 시기는 없지만, 아이의 감정 발달이나 환경에 따라 보통 옹알이는 백일 전후로 시작하게 된다.

생후 10개월쯤에는 아이의 입에서 '엄마'나 '아빠'라는 단어 정도는 말할 수 있게 된다. 바로 이것이 중요한 포인트가 된다. 그때의 주된 양육자는 아이의 첫 대사로 결정되는 것이다.

아이의 첫 대사가 '엄마'라면 엄마가 육아를 우선적으로 분담을 한다. 만약 아이의 첫 대사가 '아빠'라면 아빠가 육아에 책임을 진다. 그런데 간혹 아이의 발음이 모호하게 들릴 때가 있다. 예를 들어 '엄빠, 아마, 엄마빠' 등 엄마인지 아빠인지 정확하게 구분이 되지 않는다면 정확하게 발음할 수 있기 전까지 다른 방법으로 정한다. 이른바 유전자 따르기 방법이다. 바로 본인의 DNA를 책임지는 작전이다.

아이를 낳고 본가나 처가 어르신이 "아빠를 닮았군."이라고 했다든

가, 아니면 길을 가다가 지나가는 사람들이 "어머, 아이가 엄마 판박이네!"라고 했다면, 그 반응에 따라 닮은 사람이 육아에 대해 조금 더 책임 의식을 가지면 된다.

쉼터 이야기 | 나는 변했다

사람들은 모두 시간이 흐르면 변한다는 말이 사실인 것 같습니다. 저 역시 예전과는 달리 변했습니다. 예전에는 절대 이런 행동을 하지 않았었는데, 어느 순간부터 이런 행동을 하고 있더군요.

색깔은 어떤지, 모양은 괜찮은지, 덩어리인지 묽은지, 냄새가 이상하지는 않은지 과학 시간에 실험하는 것보다 더 예리하고 꼼꼼하게 아기의 변을 살펴보고 있네요.

부모가 되니까, 아이의 변이 담긴 기저귀를 들고 이렇게 스스로 관찰도 하는구나!

3

아이를 기르는 아내와 남편의

마음 속 이야기

비교에 대한
아내와 남편의 진짜 속마음

슈퍼맨이 돌아가시겠다

아빠의 속마음

엄마는 아빠가 완벽해지길 바란다. 엄마는 아이를 위해 씻기기, 식사 준비하기, 놀아 주기 등 하나부터 열까지 일을 다하게 된다. 그러면서 슈퍼맘이 되어 간다. 물론 아빠도 육아를 도와주려고 하지만 모든 일에 서투른 아빠는 아이가 엄마와 함께 있는 것을 더 편하게 생각하기도 한다. 엄마는 서투르게 일을 도와주는 아빠를 보며 답답해하기도 한다.

아빠는 슈퍼맨이 아니다. 그냥 슈퍼에서 기저귀나 사오는 사람일 뿐이다. 하지만 오늘도 나는 슈퍼를 가면서 나의 이런 노력들이 훗날 아이에게 유익한 자양분이 될 것이라고 생각한다. 뭐 생각이야 견강부회(牽强附會)할 수 있는 것 아닌가?

나는 아빠라는 단어에서 오는 압박감이 무엇인지 생각해 본다. 늘 가족을 부양해야 하는 책임감과 치열한 경쟁 사회에서 살아남아야 한다는 생존 본능이 있다. 특히 한국 사회에서는 야근이 잦다. 매일매일 늦게 업무를 마치고 온 아빠에게 아이와 함께 하는 시간은 엄마와 달리 적을 수밖에 없다.

엄마는 아빠에게 너무 재촉하지 말고, 아빠 또한 엄마에게만 전적으로 육아를 맡기는 건 좋지 않다는 것을 알지만, 아이에게 허심탄회하게 이런 이야기는 해 주고 싶다.

"아빠는 슈퍼맨이 아니라 인간이기 때문에 약해질 때도 있는 거야. 하지만 아빠이기 때문에 약해지면 안 되는 거 알아. 아빠는 강해질 거야."

육아 예능 프로그램인 '슈퍼맨이 돌아왔다'는 재방송도 어찌나 많이 하던지 이 프로그램을 보고 있노라면 아빠들은 못 하는 게 없는 듯하다. 육아는 물론 요리, 이벤트까지 다 잘 한다. 연기를 잘하는 송일국 씨는 얼굴도 잘생겼지만 철인 3종 경기까지 한다. 심지어 추성훈 씨는 격투기까지 잘 한다.

아내는 이 프로그램을 즐겨 보지만 나는 잘 보지 않는다. 왠지 이 분들은 촬영이 끝나면 분명 아이를 봐 주시는 아주머니라도 있을 것 같다. 괜히 내가 부족하니까 그런 부정적인 생각마저 드는 모양이다.

나는 정작 여기 출연하는 아빠들과 같은 연예계에 있는 인기 없는 개그맨이다. 그러니 당연히 수입 면에서도 턱없이 부족하다. 그런데 나는 왜 이리 쓸데없이 바쁘기만 할까? 또 이상하게도 왜 이리 체력은 예전보다 떨어져 있는지 모르겠다.

나이가 듦에 따라 배만 나오고 팔다리는 가늘어지며, 여덟 시간을 잤는데도 졸린다. 집에 있으면 가로 본능에 사로잡혀 잠은 마냥 쏟아지고 눕고만 싶다. 비록 이 슈퍼맨은 체력이 딸려 돌아가시겠지만, 이글을 쓰면서 새삼 확신에 찬 모습으로 다짐해 본다.

　아이가 원하는 것을 나 자신도 같이 원할 것이며, 아이가 갈림길에서 주저할 때 아이를 끌어 주기도 할 것이다. 때로는 아이가 다쳐도 무심한 척 묵묵히 지켜봐 주기도 하지만 누구보다 아이를 걱정해 줄 수 있는 그런 현실 속의 슈퍼맨이 될 것이다.

슈퍼맨이 돌아가시겠단다

엄마의 속마음

남편에게 많은 것을 바란 것이 아니다. 그냥 평범하게 무언가를 시작했으면 완료해 주기만을 바란다. 기저귀를 갈라고 하면 갈고 난 것을 쓰레기통에 버리지 않고 그 근처에 둔다. 빨래를 널라고 하면 한 번씩 탁탁 털어서 널어야 하는데 그냥 빨랫대에 걸쳐만 둔다. 설거지라도 한 번 도와주는 날이면 여기저기 물 천지에 바닥은 홍수가 나 있고, 결정적으로 밥그릇에 밥알이나 고춧가루가 그대로 붙어 있는 경우가 부지기수다.

무엇 하나 제대로 똑바로 하는 게 없다. 애랑 놀아 주라고 하면 스마트폰을 보여 주든가 울리기 일쑤다. 연애를 할 때에는 뭐든 완벽하고 든든했는데, 아이를 키우면서 모든 일에서 서투른 남편을 보면 답답하기만 하다.

남편이 슈퍼맨이 되었으면 좋겠다. 아이 씻기기, 식사 준비하기, 놀아 주기 등 나도 처음부터 잘 하고 경험이 있었던 건 아니다. 나도 우리 집의 귀한 딸이자 철없던 10대, 20대를 보낸 평범한 아가씨였다. 하지만 아이가 태어난 후로 난 슈퍼우먼이 되어야 했다. 적어도 내가 할 수 있는 모든 역량을 발휘해서 내 아이를 키우기 위해 최선을 다했다.

서툰 육아에 잔소리 한 번 했더니 "다시는 내가 하나 봐라."라고 외치며 돌아서던 남편을 뒤로 하고 '슈퍼맨이 돌아왔다'라는 프로그램을 봤다. 이 프로그램을 보고 있노라면 아빠들은 못 하는 게 없는 듯하다. 요리는 물론 육아 등등 다 잘 한다. 연기를 잘 하는 송일국 씨는 얼굴도 잘생겼지만 철인 3종 경기까지 한다. 심지어 추성훈 씨는 격투기까지 잘 한다.

저기에 출연하는 엄마들은 전생에 정말 나라를 구한 걸까? 같은 하늘 아래 살고 있는데 어찌 우리 집 남자와는 그렇게도 차이가 나는지 정말 부럽기 그지없다.

"아빠, 우리도 저곳으로 놀러가요. 아빠, 우리도 이렇게 해 줘요."라고 칭얼거리는 아이에게 남편이 굉장히 진지한 표정으로 이렇게 말했다. "아빠는 슈퍼맨이 아니라 인간이기 때문에 약해질 때도 있는 거야."

도대체 저걸 말이라고 하는 것인지 참으로 어이가 없다.

　　엄마 친구 딸이라고 해서 가 보았더니 없더군요. 엄마 친구 아들이라고 해서 찾아갔더니 역시나 없더군요. '슈퍼맨이 돌아왔다'의 슈퍼맨을 TV 밖에서 만나 보니 일상에 지친 평범한 사람이더군요.

　　슈퍼맨은 TV 속에만 존재할 뿐이고 TV 밖으로 나오면 모두 다 평범한 아빠일 뿐입니다.

　　할리우드 영화 속의 주인공이나 백마를 탄 왕자처럼 슈퍼맨은 TV 속에서만 존재하는 허상일 뿐입니다.

가끔 나도 착한 아내가 되기를 꿈꾸다

엄마의 속마음

얼마 전 '감동 수기 공모전'에서 대상을 탄 이야기를 읽었다. 고마우신 시어머니에 대한 이야기였는데, 어떤 시어머니가 며느리의 친정어머니가 갑자기 암에 걸리셨다는 말을 들었다고 한다. 그 시어머니는 그길로 괴로워하는 며느리에게 간호 잘 하라며 옷 몇 벌을 사주시고는 치료비 몇천만 원을 주셨다고 한다. 그러다 며느리의 친정어머니가 이듬해 돌아가시게 되었는데, 걱정 마시라고 며느리의 여동생 결혼도 꼭 돌봐 주시겠다고 말씀하신 뒤 약속을 지키셨다는 이야기였다.

여기까지 읽을 동안은 사실 아무런 감동을 받지 못했다. "그냥 몇천만 분의 일의 확률로 존재할 수 있는 한 '천사표 시어머니'의 사례구나." 정도의 생각이 들었다.

"뭐 이런 시시한 내용이 대상을 탄 거야?"라는 생각까지 하며, 읽던 글을 덮으려 할 즈음 마지막 구절이 눈에 들어왔다. 그렇게 고마웠던 시어머니의 49제를 마치고 집에 돌아가면서 자기도 미래의 며느리를 위해 꼭 돈을 저금해 두겠다는 내용이었다.

순간 많은 생각들이 머리를 스쳐갔다. 나라면 내 며느리의 친정을 위해 1억 원 가량의 돈을 줄 수 있었을까? 아마도 그렇게는 못 했을 것이다. 형편이 어려웠다면 말할 것도 없지만 여윳돈이 충분히 있었어도 머뭇거리다 말았을 가능성이 크다. 그리고 동시에 '시어머니의 49제'라는 단어에 마음이 먹먹해졌다.

'인간의 죽음'에 대한 생각이 갑자기 마구 밀려왔다. 정말 죽고 나면 부질없는 돈, 통장에 남은 숫자 표시에 불과했을 돈이 살아 있을 때 가치 있게 쓰고 나니 남아 있는 누군가에게는 평생 고마움과 그리움으로 기억될 어마어마한 추억이 된 것이다. 그리고 그 고마움과 그리움은 앞으로 태어날 또 다른 누군가에게 전달되고 전파될 강력한 희망의 메신저가 되었다.

가끔 나는 내 나이가 믿어지지 않을 때가 있다. 대학을 졸업하고 결혼해서 아기를 낳은 뒤, 내 아이 크는 것만 눈에 들어왔지, 정작 내가 나이를 먹고 있다는 것을 깨닫지 못했다. 그러다 문득 이런 글을 보고 나니 '인생 참 짧다'는 생각이 들면서, 대단하고 가치 있는 일까지는 못하더라도 적어도 내가 떠난 뒤에 내 주변 사람에게 여운과 따뜻한 기억 정도는 남겨 주는 사람이 되어야겠다는 생각이 들었다.

그리고 갑자기 나의 동반자, 미우나 고우나 내 남편인 '황무뚝' 씨가 떠올랐다. 따지고 보면 참 불쌍한 사람이다. 다른 와이프들에 비해 내가 뭐 그리 잘난 것도 없는데, 나 같은 여자 만나서 주중 내내 일하고 들어와서는, 휴일에 정성스러운 밥 한 끼 제대로 못 먹고 '잠만 잔다'고

들볶이기만 하니 말이다.

언제부터인가 애들 챙기느라 끼니는커녕 매일 잔소리와 욕, 짜증 그리고 회사 가서 받는 스트레스도 많았을 텐데도 제대로 "힘들지?"라는 말 한 마디 못 해 줬던 것 같다. 매일 나 힘든 것만 알아 달라고 말했던 것 같아서 지금 생각하니 참으로 미안하다.

오로지 '집안일 도와주고, 애 봐줄 때'만 좋다고 하고, 남편이 쉬는 것을 모두 '혼자 딴짓 하는 이기적인 행동'으로만 여기며 남편이 제대로 쉴 수 있는 여유를 주지 못했던 것 같다.

물론, 일부러 그런 건 아니다. 변명처럼 들리겠지만 나도 너무 많이 힘이 들고 정말 하루하루가 벅차고 괴로워서 그랬던 것 같다. 그걸 몰라주는 남편이 원망스럽고 미워서 더 못되게 군 적도 많았다.

하지만 남편도 많이 힘들었을 것이라는 생각이 이제야 든다. 우리 남편, 얼마나 숨이 막혔을까? 지금까지 힘들었을 상황이 무척 안쓰럽다. 그리고 앞으로는 잘 해 줘야겠다는 생각이 든다. 남편은 나에게 참 소중한 사람이기 때문이다.

어쩌면 이 마음이 오래 가지 않을 수도 있다. 당장 이번 주 토요일 놀아 달라는 애들을 뒤로 하고 드르렁드르렁 코를 골며 자는 모습을 보면 화가 치밀어 올라 또 소리를 지르고 잔소리를 해댈 가능성도 많다. 하지만 종종 생기는 이러한 애틋함을 꼭 기억해 두려고 노력할 것이다. 이런 애틋한 마음들이 모이면, 남편에게 내가 화를 덜 내지 않을까? 진정 노력해 보겠다고 다짐해 본다.

가끔 나도 착한 남편이 되기를 꿈꾸다

아빠의 속마음

얼마 전 '감동 수기 공모전'에서 대상을 탄 이야기를 아내가 들려주었다. 고마우신 시어머니에 대한 이야기였는데, 많은 감동을 받았다고 한다. 순간 생각했다. 도대체 아내는 어디에서 감동을 받고 가슴이 먹먹해졌을까? 친정엄마가 암에 걸리셔서 괴로워하는 며느리에게 옷을 사주고 치료비 몇천만 원을 선뜻 주셨고, 며느리의 여동생의 결혼에도 도움을 주시겠다고 약속하셨고, 이 약속을 끝내 지키셨고, 결국 시어머니가 며느리와 친정을 위해 1억 원 가량을 경제적, 정신적으로 헌신하셨던 부분이 이야기의 줄거리였다. 왠지 이러한 천사표 시어머니의 이야기를 하는데 왠지 우리 엄마에게 불만이 있는 건 아닐까라고 새삼 생각이 들었다.

사실 둘 사이의 관계를 짐작해 보았을 때 알게 모르게 뭔가 못마땅한 게 있는 것 같다. 지금 괜히 이 이야기로 비교를 해가며 자기의 신세를 한탄하는 것이 틀림없다.

그런데 아내의 반응은 달랐다. 아내는 무언가라도 결심한 듯 아내 자신 스스로 나중에 꼭 그러한 시어머니가 되겠다고 다짐을 하고 있다. 그리고 '인생 참 짧다'느니 이제부터는 심지어 나에게도 잘 하겠다고 말한다. 전혀 다른 레퍼토리로 흘러간다. 왜 이렇게 두려운 걸까? 조금 전까지 생각했던 스토리는 분명히 이게 아니었는데 참으로 이상하다. 하지만 아내는 분명히 무언가 느끼고 깨달았다.

여자의 마음은 갈대라 수시로 변하고, 여자의 감정은 기본적으로 1단계부터 시작하여 10단계까지 나뉘어져 있어 도무지 남자들은 이해할 수 없다고들 하지만 오늘은 정말 10단계를 육박한다. 아무리 여자라는 존재가 문제 해결보다는 자신의 마음을 알아주기를 원하고, 비록 나는 상냥하고 자상한 남자가 아니어서 늘 미안한 마음 가지고 살고는 있지만 지금 이 순간만큼은 아내에게 이렇게 말하고 싶다.

"제발 다이어리 같은 곳에 너의 의미심장한 생각을 써 놓고, 자기 마음 몰라준다고 떼쓰지 말고, 그냥 너의 심정을 팩트(사실)만 정확하게 말해라! 적어도 내가 착한 남편이 되어 볼 테니!"

우리는 무거운 삶이 우리를 자꾸 눌러서 현실에 찌들어 있지요. 겨드랑이가 가렵다고요? 아직 날개가 완전히 떨어지지 않아서 그렇습니다.

천사 옷은 나무꾼 같은 남편이 보관하고 있습니다. 빨리 돌려달라고 해서 한번 입어 보세요. 아직 천사표 딱지가 잘 붙어 있을 겁니다.

남편도 기억을 잘 더듬어 보세요. 하늘에서 천사들과 놀던 기억이 있을 겁니다. 우리는 모두 원래 보기만 해도 빛이 나던 아기 천사들이었습니다.

며느리와 시어머니

내 나이 열한 살에 아버지가 돌아가셨다. 내 아래로는 여동생이 하나 있다. 전업 주부였던 엄마는 그때부터 생계를 책임지셔야 했다.

못 먹고, 못 입었던 것은 아니었지만 여유롭진 않았다. 대학 졸업 후, 입사 2년 만에 결혼을 하였다. 처음부터 시어머님이 좋았다. 시어머님도 처음부터 날 아주 마음에 들어 하셨다.

10년 전, 결혼 1년 만에 친정엄마가 암 선고를 받으셨다. 난 엄마 건강도 걱정이었지만, 수술비와 입원비 걱정부터 해야 했다. 남편에게 얘기했다. 남편은 걱정 말라고 내일 돈을 융통해 볼 터이니 오늘은 푹 자라고 얘기해 주었다.

다음 날, 친정엄마 입원을 시키려 친정에 갔지만, 엄마도 선뜻 나서질 못하셨다. 마무리 지어야 할 일이 몇 개 있으니 4일 후에 입원하자고 하셨다. 집에 돌아오는 버스 안에서 하염없이 눈물이 났다. 그때, 시어머님께서 전화가 왔다. "지은아, 너 울어? 울지 말고 ……. 내일 세 시간만 시간을 내 다오."

다음 날 시어머님과의 약속 장소에 나갔다. 시어머님이 무작정 한의원으로 날 데려가셨다. 미리 전화 예약을 하셨는지 원장님께서 말씀하셨다. "간병하셔야 한다고요?" 맥을 짚어 보시고 몸에 좋은 약 한 재를

지어 주셨다. 그리고 백화점에 데려가셨다. 솔직히 속으로는 좀 답답했다. 죄송한 마음이었던 것 같다.

트레이닝복과 간편복 네 벌을 사주셨다. 선식도 사주셨다. 함께 집으로 왔다. 어머니께서 그제야 말씀하시기 시작했다. "환자보다 간병하는 사람이 더 힘들어. 병원에만 있다고 아무렇게나 먹지 말고, 아무렇게나 입고 있지 말고 ……."라고 말씀하시며 봉투를 내미셨다.

"엄마 병원비에 보태 써라. 네가 시집온 지 얼마나 됐다고 돈이 있겠어. 그리고 이건 죽을 때까지 너랑 나랑 비밀로 하자. 네 남편이 병원비 구해 오면 그것도 보태 써. 내 아들이지만, 남자들 유치하고 애 같은 구석이 있어서 부부싸움 할 때 꼭 친정으로 돈 들어간 거 한 번씩은 얘기하게 돼 있어. 그니까 우리 둘만 알자."

마다했지만 끝끝내 내 손에 꼭 쥐어 주셨다. 나도 모르게 무릎을 꿇고 시어머님께 기대어 엉엉 울고 있었다. 2천만 원이었다. 친정엄마는 그 도움으로 수술하시고 치료받으셨지만, 이듬해 봄에 돌아가셨다.

병원에서 오늘이 고비라고 하였다. 눈물이 났다. 남편에게 전화했고, 갑자기 시어머님 생각이 났다. 나도 모르게 울면서 시어머님께 전화를 드렸다. 시어머님은 한 걸음에 늦은 시간임에도 불구하고 남편보다 더 빨리 병원에 도착하셨다.

엄마는 의식이 없으셨다. 엄마 귀에 대고 말씀드렸다.

"엄마, 우리 어머님 오셨어요. 엄마, 작년에 엄마 수술비 어머님이 해주셨어. 엄마 얼굴 하루라도 더 볼 수 있으라고 ……."

엄마는 미동도 없으셨다. 당연한 결과였다. 시어머님께서 지갑에서 주섬주섬 무얼 꺼내서 엄마 손에 쥐어 주셨다. 우리의 결혼사진이었다.

"사부인, 저예요. 지은이 걱정 말고, 사돈처녀 정은이도 걱정 말아요. 지은이는 이미 제 딸이고요, 사돈처녀도 내가 혼수 잘 해서 시집보내 줄게요. 걱정 마시고 편히 가세요."

그때 거짓말처럼 친정엄마가 의식 없는 채로 눈물을 흘리셨다. 엄마는 듣고 계신 거였다. 가족들이 다 왔고 엄마는 2시간을 넘기지 못하신 채 그대로 눈을 감으셨다. 망연자실 눈물만 흘리고 있는 날 붙잡고 시어머님께서 함께 울어 주셨다. 시어머님은 가시라는 데도 마다하시고 3일 내내 빈소를 함께 지켜 주셨다.

우린 친척도 없다. 사는 게 벅차서 엄마도 따로 연락을 주고받는 친구도 없었다. 하지만 엄마의 빈소는 시어머님 덕분에 3일 내내 북적거렸다. "빈소가 썰렁하면 가시는 길이 외로워."

친정엄마가 돌아가시고 시어머님은 내 동생까지 잘 챙겨 주셨다. 가족끼리 외식하거나 여행 갈 땐 꼭 내 동생을 챙겨 주셨다. 내 동생이 결혼을 한다고 했다. 동생과 시어머님은 고맙게도 정말 나 이상으로 잘 지내 주었다. 시어머님이 또 다시 나에게 봉투를 내미신다.

"어머님, 남편이랑 따로 정은이 결혼 자금 마련해 놨어요. 마음만 감사히 받을게요." 도망치듯 돈을 받지 않고 나왔다.

버스 정류장에 다다랐을 때 문자가 왔다. 내 통장으로 3천만 원이 입금되었다. 그 길로 다시 시어머님께 달려갔다. 어머니께 너무 죄송해서 울면서 짜증도 부렸다. 안 받겠다고 …….

시어머님께서 함께 우시면서 말씀하셨다.

"지은아, 너 기억 안 나? 친정엄마 돌아가실 때 내가 약속 드렸잖아. 혼수해서 시집 잘 보내 주겠다고. 나 이거 안 지키면 나중에 네 엄마를 무슨 낯으로 뵙겠어?"

시어머님은 친정엄마에게 혼자 하신 약속을 지켜 주셨다. 난 그 날도 또 엉엉 울었다. 시어머님께서 말씀하신다.

"순둥이, 착해 빠져 가지고 어디에 쓸고? 제일 불쌍한 사람은 바로 도움을 주지도, 받을 줄도 모르는 사람이야. 그리고 힘들면 힘들다고 얘기하고 울고 싶을 땐 목 놓아 울어 버려."

제부 될 사람이 우리 시어머님께 따로 인사드리고 싶다고 해서 자리를 마련했다. 시부모님, 우리 부부, 동생네가 모였다. 그때 시어머님이 시아버님께 사인을 보내셨다. 그때 아버님께서 말씀하셨다.

"초면에 이런 얘기 괜찮을지 모르겠지만, 사돈처녀 혼주 자리에 우리가 앉았으면 좋겠는데 ……."

혼주 자리에는 사실 우리 부부가 앉으려 했었다.

"다 알고 결혼하는 것이지만, 그쪽도 모든 사람들에게 다 친정 부모님 안 계시다고 말씀 안 드렸을 텐데. 다른 사람들 보는 눈도 있고." 그랬다. 난 거기까진 생각을 못 했던 부분이었다. 내 동생네 부부는 너무도 감사하다며 흔쾌히 받아들였다. 그리고 내 동생은 우리 시아버님 손을 잡고 신부 입장을 하였다. 내 동생 부부는 우리 부부 이상으로 우리 시댁에 잘 해 주었다.

오늘은 우리 시어머님의 49제였다. 가족들, 동생네 부부와 함께 다녀왔다. 오는 길에 나도 동생도 많이 울었다.

오늘 10년 전 어머니와 했던 비밀 약속을 남편에게 털어 놓았다. 그때, 병원비 어머니께서 해 주셨다고 ……. 남편과 난 부둥켜안고 시어머님 그리움에 엉엉 울어 버렸다.

난 지금 아들이 둘이다. 난 지금도 내 생활비를 쪼개서 따로 적금을 들고 있다. 내 시어머님께서 나에게 해 주셨던 것처럼, 나도 나중에 내 며느리들에게 돌려주고 싶다.

내 휴대폰 단축 번호 1번은 아직도 우리 시어머님이다. 항상 나에게 한없는 사랑 베풀어 주신 우리 어머님이다. 어머님, …… 우리 어머님, ……. 너무 감사합니다.

어머님 가르침 덕분에 제가 바로 설 수 있었어요. 힘든 시간 잘 이겨 낼 수 있었고요. 어머님, 너무 사랑합니다. 그리고 그립습니다.

제가 꼭 어머니께 받은 은혜, 많은 사람들에게 베풀고 사랑하고 나누며 살겠습니다. 너무 보고 싶어요.

출처 : http://blog.daum.net/oliveone/1821

아내에게 바라는 아주 사소한 것

나이가 들면서 나는 점점 아이처럼 바라는 것도 많고 섭섭한 것도 많다. 그래서인지 나는 아내와 사는 일이 만만치가 않다. 요즘 아이들이 좋아하는 노랫말이 있다. 캐럴 중에 루돌프 사슴 코의 노래 일부분 중 한 부분을 개사한 것이다. '루돌프 사슴 코는 개 코, 매우 반짝이는 코-딱지.' 이게 뭐라고 아이들은 노래를 부르면서 그저 좋아한다. 그런데 어느 순간 이 구절을 웃으면서 흥얼거리고 있는 어른인 나 자신을 발견했다. 심지어 크리스마스가 훨씬 지난 시점인데 말이다. 그렇기 때문에 아내는 남편을 아이라고 부르나 보다. 물론 이런 부분 때문이 아니란 걸 알고, 인정하고 싶지 않지만 아내는 남편을 나이가 들어도 철이 들지 않는다고 하나 보다.

오늘도 나는 TV를 켰다. 내가 요즘 가장 즐겨 보는 사극을 하는 시간이다. 왠지 사극을 보면 그냥 기분이 좋다. 사실 내가 역사에 대해서 지대한 관심을 갖고 있는 것은 아니지만 내가 사극을 좋아하는 또 하나의 이유는 여전히 남자들은 아낙네들에게 호통을 치고 집안의 어른으로서 대우를 받으면서 살아가는 모습이 그려지기 때문이다. 이런 걸 대리 만족이라고나 할까?

그런데 갑자기 아내가 한 마디 한다. "TV 좀 그만 봐!" 짜증이 났다. 내 집인데 TV도 마음 편히 볼 수가 없다. 물론 우리 아내가 사극에 나오는 여인네들처럼 한복을 곱게 차려입고 남편인 나를 하늘처럼 떠받들고 사는 건 바라지 않는다. 그래서 나는 아내에게 바라는 아주 사소한 것들을 적으려 한다.

하루에 한 번 정도는 남편인 나를 감동시키는 문자 한 통 날려 주는 것을 나는 바란다.

평소에 조금은 퉁명스럽게 말하는 스타일이라도 이모티콘이라는 좋은 제도가 있으니 제법 달달하게 받아들일 준비가 되어 있다. 집에 들어가면 아내와 더불어 어느덧 자란 아이들은 나를 내다보지도 않는다면 나는 집에 들어가서 기댈 수 있는 곳이라고는 벽뿐이 없다. 이런 생

각에 그저 문자 한 통 바라는 내 자신이 크게 잘못된 것은 아니라고 생각을 해 본다.

"오늘 하루도 가족을 위해 수고 했어. 여보, 고마워."라든가, "당신 좋아하는 김치찌개 해 놨으니 일찍 들어와요."라든가, "오늘 하루도 힘내, 파이팅!" 정도면 되는데 아쉬움이 크다. 단지 '사랑해'란 말 한 마디가 오글거린다면 문자 말미에 빨간색 하트 정도만 삽입해 주어도 내 마음이 말랑말랑 해질 텐데 말이다.

부드러움은 강함을 이긴다. 나무꾼의 외투를 벗긴 것이 찬바람이 아니라 따뜻한 햇살이었던 것처럼 문자 한 통에 내 마음은 무장 해제되고, 뜻하지 않은 지갑까지 열어 줄 수 있으니 말이다.

나는 그냥 아내가 이런 것만이라도 해 주었으면 하는 것이다.

남편에게 바라는 아주 사소한 것

엄마의 속마음

나이가 들면서 점점 실망스럽고 섭섭하면서 남편과 사는 일이 만만치가 않다. 누군가 이야기했지. 여성 심리학과 아동 심리학은 있는데 왜 남성 심리학이 없는지 아느냐고? 그 이유는 남자는 아동 심리학에서 다루기 때문이란다. 이는 곧 남자들은 나이가 들어도 아이 같고, 철이 안 들기 때문일 것이다. 그런데 살아 보면 살아 볼수록 이 말이 왜 그렇게 가슴에 와 닿는지 모르겠다.

나이가 들수록 유치찬란해져 가는 이 남자가 실망스럽다. 조금이라도 비위를 맞추어 주지 않으면 집안이 조용한 날이 없다. 남편은 나와 그리고 수시로 아이들과 충돌을 한다. 아무것도 아닌 일로 버럭 화를 내거나 삐치는 것은 기본인데, 가끔은 아이들을 엄하게 다스리려 하다가 자기가 먼저 얼굴을 붉히기도 한다.

사실 요즘 아버지들은 집안에서 설 자리가 점점 없어진다고 한다. 옛날에는 아버지의 기침 소리 한 번이면 온 가족이 조용하던 그 권위는 땅에 떨어진 지 오래다. 그래서 남자들이 사극에 열광하나 보다. 사극에는 남존여비가 아직도 강하게 남아 있으니 말이다.

오늘도 남편은 사극을 열심히 보고 있다. "TV 좀 그만 봐!"라고 한마디 했다. 남편이 TV도 집에서 마음 편히 못 보게 하냐고 짜증을 낸다. 솔직히 나는 남편이 TV를 보는 것을 상관해서 하는 말이 아니었다. 그냥 어떤 면에서 나와 경쟁을 하는 TV를 보니 싫증이 난 것이었다. 이게 다 관심이다. 그렇게 남자들은 관심이 없다. 그래서 나는 남편에게 바라는 아주 사소한 것들을 적으려고 한다.

66 남편의 고집이 센 것, 남편과 감정이 통하지 않는 것, 남편의 이기적인 태도, 남편의 무관심한 태도, 남편의 건망증, 남편이 코 골고 이 갈며 잠꼬대하고 고함치는 소리.

남편이 가정의 일과 자녀에 대해서 소홀히 하는 것, 남편이 통 말이 없는 것, 남편이 심한 말로 상처를 주는 것.

아내보다 친구를 더 좋아하고 가까이 하는 것, 아내에게는 칭찬이 인색하면서 다른 여자들에게는 과도하게 칭찬하는 것, 남에게는 친절하면서 아내에게는 거칠게 대하는 것, 남에게는 자상하면서 아내에게는 대충대충 넘어가는 것.

남편이 '단답형, 그아(그래, 아니)형, 사지선다형, 묵묵부답형' 등으로 반응하는 것, 남편이 아내의 생일이나 결혼기념일을 잊어버리는 것, 남편이 남들 앞에서 주책을 부리는 것, 남편이 화를 잘 내는 것, 남편이 낭비가 심한 것, 남편이 직업 없이 빈둥거리는 것.

남편이 아내를 소유물로 여기는 것, 남편이 매사에 무책임한 것, 남편이 너무 엄격하고 권위주의적인 태도를 보이는 것, 남편이 약속을 어기는 것, 남편이 속이고 거짓말을 하는 것.

남편이 몸을 잘 씻지 않는 것, 남편이 집 안을 어지럽히면서 정리하지는 않는 것, 남편이 자기 잘못을 인정하지 않고 핑계를 대는 것, 남편이 사전 약속 없이 집에 친구들을 데려오는 것, 남편이 자기 친구를 데려다가 부부가 사용하는 침상에 재우는 것.

남편이 아내에게 비판적인 태도로 트집을 잡는 것, 남편이 아내의 몸매에 대해서 싫은 소리를 하는 것, 남편이 아내를 경제적으로나 시간, 공간적으로 통제하는 것, 남편이 아내를 감시하는 것, 남편이 아내 고마운 줄을 모르는 것, 남편이 아내를 의심하는 것.

남편은 취미생활을 하면서 아내에게는 기회를 주지 않는 것, 아내가 힘들어할 때 도와주지 않는 것, 남편이 시부모 앞에서 아내를 비판하는 것, 아내 보는 데서 남편이 시부모에게 귓속말을 하는 것, 아내의 음식 솜씨를 탓하고 시어머니의 음식 솜씨를 그리워하는 것, 남편이 사과할 줄 모르는 것.**"**

나는 남편이 이러지 않았으면 좋겠다. 나는 그냥 남편이 이런 작고 사소한 것만이라도 지켜 주었으면 한다.

모든 불행은 사소한 것에서부터 시작됩니다. '교각살우(矯角殺牛)'라는 말을 아시나요? 뿔을 뽑으려다 소를 죽인다는 뜻입니다.

부부 싸움의 시작은 대수롭지 않은 것에서 시작하여 더 큰 화를 초래합니다. 왜 싸웠는지 돌아보면 이유가 생각나지 않는 경우도 많습니다. 나중에 기억도 못할 정도로 사소한 이유로 부부끼리 싸우지 마세요. 한 번쯤 사소한 것은 넘어가고 진짜 중요한 것만 바라보며 그냥 웃어 넘겨보려 애써 보는 것은 어떨까요?

정작 살면서 목숨 걸고 싸우며 지켜야 할 것이 얼마나 많은데요. 괜히 내 옆의 소중한 사람에게 상처를 주고 상처를 받지 말아야 합니다. 부부간의 작은 용서를 통해 서로의 에너지를 아낍시다.

쉼터 이야기 | 아기를 통해 알게 된 것

내 아기라서 그럴까? 젖 먹고 분유를 먹고 난 용변은 그렇게 더럽지 않았다. 냄새도 역하거나 괴롭다고 느끼지 못했다. 내가 드디어 엄마가 되어가는구나. 정말 엄마만이 느낄 수 있는 모성애라는 게 이런 것이구나. 아기 용변을 처리하다가 설사 내 손에 묻었다 해도 잘 처리하고 비누칠해서 닦으면 그만이다.

다른 사람 용변이 묻었다고 생각해 봐라. 소리를 꽥꽥 질러댔을 거고, 사실 내 것도 내 손에 묻으면 더럽다. 그런데 내 아기 것은 안 그랬다. 정말 그랬다. 항상 품에 안겨 있던 귀여운 내 아기가 점점 자라고 고개를 들고 뒤집기를 하고 조금씩 기어 다니기 시작했다.

이제 모유와 분유를 끊고, 열심히 인터넷 정보와 육아 책을 통해 공부한 방법으로 최고의 이유식을 만들기 시작했다. 정말 좋은 재료를 골라 정성을 다해 만들었다. 처음에는 좀 거부하는 듯했지만 곧잘 먹어 주었다. 귀여운 내 아기가 내가 만든 이유식인 당근과 시금치, 소고기도 먹고 쑥쑥 자라 큰 인물로 자라나 주길 바란다.

아기에 대한 사랑이 점점 더 커지고 있다. 그런데 이상한 일이 일어났다. 분명 아기에 대한 애정은 더 커지고 있는데. 유독 아기의 똥 냄새만이 예전 같지 않다. 뭔가, 진짜 똥이 된 느낌이랄까? 아기의 똥 냄새가 아니라 사람의 똥 냄새가 난다.

아, 그렇구나! 똥 냄새의 근원은 여러 가지 음식과 밥이었구나. 밥 비슷한 것을 먹이니 진정한 똥 냄새가 나는구나. 아기를 통해 나는 과학적 사실 하나를 더 깨닫게 되었다.

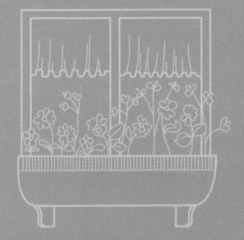

성격에 대한
아내와 남편의 진짜 속마음

돌아오지 않는 남편

엄마의 속마음

　남편에게 전화를 했다. 오늘 따라 더 보채는 아이를 달래며 언제 퇴근하는지 물어봤다. 그런데 굉장히 시큰둥하게 대답을 한다.

　"글쎄, 더 있어 봐야 하는데 왜?"

　아니, 일을 하러 갔으면 끝나는 시간이 정해져 있을 텐데. 도대체 자기가 일 끝내고 집에 돌아오는 시간조차 모르다니 답답하기만 하다. 게다가 또 "왜?"라고 물어보는 건 또 뭐야. 당연히 일 끝나고 집에 와서 애도 보고, 집안일도 도와주고 좀 해야지. 내 이야기를 들어 봐서 합당한 이유가 있을 때에만 퇴근 시간을 알려 주겠다는 것인지 당초 모르겠다. 짧은 대답 한 마디에 내 속은 부글부글 끓는다. 그렇지만 꾹 참고 말했다.

　"오늘따라 마음이가 더 칭얼대네. 집안일도 하나도 못 했어. 오늘 좀 일찍 오면 안 돼?"

　"일이 끝나야 가지."

"그러니까 언제 끝나느냐고? 끝나는 대로 빨리 오라고!"

"알았어."

"언제 올 거야?"

"아직 몰라."

"그럼 8시까지 와!"

"알았어."

지금은 오후 4시다. 8시가 되려면 4시간만 참으면 된다. 남편이라도 들어오면 한시름 놓을 수 있겠지.

널려 있는 빨랫감이며 이유식 그릇, 그리고 흐트러져 있는 장난감들, 한숨을 쉬려는 순간 아이가 그릇에 담아 놓은 과자를 방바닥에 흩뿌리며 놀고 있다.

"마음아!"

아이에게 앙칼지게 소리를 지르며 집을 치운다. 치우다 시계를 보고, 아이를 달래다 또 시계를 본다.

드디어 8시다. 남편은 아직도 오지 않는다. 8시 10분에 남편에게 전화를 했다. 남편이 조용히 전화를 받는다.

"여보세요?"

"왜 안 오는 거야? 8시까지 온다고 했잖아. 지금 8시가 넘었어."

"응, 조금만 더 있다 갈게!"

"늦으면 늦는다고 전화를 해야 할 거 아니야? 계속 기다리잖아. 전화 한 통도 못 해? 언제 올 건데?"

"조금만 있다 갈게."

전화를 끊고 보니, 시계는 9시를 가리키고 있다. 역시나 남편은 들어오지 않는다. 전화를 걸어 냅다 소리를 질렀다.

"아, 왜 안 오냐고? 지금 9시가 다 됐어. 목욕시키고 애 재워야 되는데, 왜 안 오느냐고?"

"잠깐 부장님이랑 이야기하느라고 그래, 금방 갈게."

전화가 급하게 끊긴다.

10시가 되었다. 남편은 아직 들어오지 않았다. 전화를 걸었지만 받지 않는다. 화가 나서 계속해서 걸고 또 걸었다. 그래도 전화를 받지 않는다. 이해가 되지 않는다. 약속을 왜 지키지 않는 것인지 모르겠다.

늦으면 늦는다고 전화를 해 줘야지. 그리고 지금 전화를 안 받는 것은 또 뭐야. 하루 종일 칭얼거리다 잠든 아이를 바라보며 남편에 대한 분노가 치솟는다. 이런 날은 진짜로 맥주가 당기는 날이다.

돌아 버린 듯한 아내

아빠의 속마음

전화가 왔다. 아내였다. 언제 퇴근을 하느냐고 묻는 질문에 "글쎄, 왜?"라고 물어봤다. 오늘 따라 아이가 보챘는지 조금 힘겨워하는 목소리였다. 그런데 힘든 것은 나 역시 마찬가지였다. 요즘 과도한 업무량에 일이 끝나는 시간이 정해져 있지가 않다.

특히나 요즘 같은 불경기에는 시간에 맞춰 칼퇴근하는 것이 윗사람에게 눈치가 보여 쉽지가 않다. 나 역시 일에서 벗어나 빨리 집에 가 누워 쉬고 싶은 마음이 간절하다.

아내가 말을 이어간다.

"오늘따라 마음이가 더 칭얼대네. 집안일도 하나도 못 했어. 오늘 좀 일찍 오면 안 돼?"

내가 더 답답하다. 일찍 가고 싶은 마음이다. 왜 이렇게 내 마음을 모르지?

"일이 끝나야 가지."라고 통명스럽게 얘기했다.

"그러니까 언제 끝나느냐고? 끝나는 대로 빨리 오라고!"

갑자기 화를 낸다. 아내가 아이 때문에 집안일을 하나도 못 한 것처럼 나 역시 부장님 때문에 내 일이 끝이 없다. 아내가 아이처럼 이렇게 나에게 칭얼대고 있으니 뭐라 말을 해야 할지 모르겠다.

"알았어."라고 시큰둥하게 대답을 했다.

"언제 올 거야?"

"아직 몰라."

"그럼 8시까지 와!"

"알았어."

지금은 오후 4시다. 한창 업무가 바쁜 시간이라 우선 급하게 전화를 끊었다. 널려 있는 서류에 정작 해야 할 일들은 하지도 못하고 사고 수습에 여념이 없다. 아무리 일을 해도 시간이 부족하고 일이 쌓이기만 한다. 이번 주도 채울 만한 성과가 없어 주말까지도 나와서 일을 해야 할 것 같은 압박감이 밀려온다. 오늘도 부장님은 헐떡거리며 시부렁거리고, 그런 부장님을 달래며 일을 마무리하느라 시계를 볼 여력도 없다. 어느덧 시간이 많이 흘렀고, 아내에게서 또 전화가 왔다. 조용히 전화를 받았다.

"여보세요?"

"왜 안 오는 거야? 8시까지 온다고 했잖아. 지금 8시가 넘었어."

벌써 시간이 이렇게 됐구나! 평소 같으면 시계만 쳐다봤겠지만 오늘은 진짜 바빠서 밥도 먹지 못했다. 오늘 따라 왜 이렇게 시간관념이 없을까?

"응, 조금만 더 있다 갈게!"

"늦으면 늦는다고 전화를 해야 할 거 아니야? 계속 기다리잖아. 전화 한 통도 못 해? 언제 올 건데?"

미안하기도 하지만 아내의 다그치는 목소리가 전화기 밖으로 울려 퍼진다. 미안한 마음보다 앞서는 것은 다른 사람들의 눈치다. "조금만 있다 갈게."라며 말하고 전화를 끊는다.

배도 고프다. 그런데 오늘 따라 부장님마저도 집으로 갈 생각을 안 한다. 갑자기 부장님께서 가방을 챙기는 것을 보니 이제야 퇴근할 수 있나 보다.

"오늘 다들 고생했으니까 간단하게 밥 먹으면서 소주나 한 잔 하지?" 갑작스런 부장님의 제안에 팀원 모두 당황하는 눈치다. 오늘은 아이 때문에라도 집에 일찍 들어간다고 얘기를 하려 하는데, 갑자기 부장님이 몇 마디 더 보탠다.

"오늘 내가 기분이 좀 그래. 우리는 다 같은 팀이잖아! 다 같이 회포나 풀자고. 남자가 집에 일찍 들어가는 것도 좀 보기 그렇잖아?"

부장님은 나를 보며 이야기하는 것 같았다. 인원이 몇 명 안 되는 팀이라 부장님의 명령을 거역할 수가 없다. 나만 살짝 빠질까 생각도 했지만, 퇴근 후 회식도 근무의 연장이라 어쩔 도리가 없다.

우선 배도 고프고 집에 들어가면 아이가 이제 막 잠들었을 시간이라 깰 것 같다. 또 밥을 차려 달라고 하면 아내가 싫어할 것 같고, 차려 주더라도 눈칫밥을 먹을 것이 분명한 것 같다. 그래서 조용히 승낙하고, 적당히 밥만 먹고 빠져나가기로 했다.

밥만 먹으러 간 자리는 부장님의 주도 하에 자연스럽게 팀의 회식 자리가 되었다. 오늘따라 부장님은 교장 선생님의 훈화 말씀보다 더 길게 이야기를 한다. 부장님이 자꾸 내 눈과 마주치며 이야기를 하시기 때문에 아내의 전화가 와도 맘 편히 전화를 받을 수가 없다. 열변을 토하며 회사의 비전과 팀의 미래를 외치는 부장님의 이야기를 끊을 타이밍을 찾지 못하겠다.

사실 이렇게 밥이나 술을 먹을 때면 방금 전에 일어난 일들이 아무렇지도 않은 듯 잊혀진다. 집에 들어가면 어떤 일이 일어날지 모른다. 직장인은 오늘도 맛있게 밥술을 뜨면서 억지로 힐링을 하게 된다.

시간이 지날수록 점점 이 분위기에 동요되고, 나는 서서히 오늘 업무의 스트레스가 가라앉는다. 술이 이내 술술 넘어간다. 아내의 목소리는 점점 희미해진다. 오늘은 진짜 소주가 당기는 날이었나 보다.

엄마는 뱃속에 있는 사랑하는 아이와 이미 열 달을 놀아 주었습니다. 전업 주부는 지금도 하루 종일 아이와 자석처럼 붙어 있습니다. 맞벌이 엄마도 일하고 돌아오면 아이가 잠이 들기 전까지 계속 옆에 있어 주지요. 아무리 좋은 것이라도 24시간 365일을 붙어 있으면 어떤 생각이 들까요? 그래도 엄마는 오늘도 사랑하는 아이와 기꺼이 자석이 됩니다.

자석은 서로 가까이만 대면 철썩하고 달라붙지요. 네오디뮴 같은 강력한 자석은 자력이 엄청나게 강해서 무거운 기차를 이동시키기는 데 쓰이기도 합니다. 하지만 이렇게 강력한 자석이지만 떨어뜨리면 쉽게 깨지고 잘못 보관하면 자력을 쉽게 잃어버립니다. 자력을 잃어버린 자석은 그냥 고철 덩어리에 불과하지요.

더욱 단단한 자력으로 똘똘 뭉친 튼튼한 자석 가족이 되게 하려면 자석을 잘 보관하고 관리해야 합니다. 엄마 자석이 힘을 내서 아이 자석을 끌어안을 수 있게, 피곤하더라도 아빠 자석이 힘을 내 주세요. 혼자서 지친 엄마가 자력을 잃게 되면 아이도 자력을 잃게 됩니다. 사랑하는 내 가족이 더욱 단단하고 힘센 가족이 될 수 있게 아빠가 시간을 내서 엄마가 잠시라도 쉴 수 있는 여유를 만들어 주세요.

아무리 바빠도 밥은 먹고, 아무리 힘들어도 숨은 쉬지요? 전혀 짬이 없을 것 같은 순간에도 찾아보면 짬은 있습니다. 심지어 멀리 떨어진 주말 부부라서 볼 시간이 없다면 아이디어를 짜내 보세요. 밤에 전화기에 대고 아이에게 이야기를 들려주고 노래를 불러 주며 시간을 가져도 되고, 아빠에게 있었던 일 또는 동화라도 읽어서 아이를 위한 5분짜리 영상이라도 제작해서 보내 주세요.

찾아보면 방법은 늘 있답니다. 지친 엄마 자석과 아이 자석을 도와주세요.

아이가 태어나기 전 내가 남편을
속인 것

엄마의 속마음

1 밥의 양

나는 아이가 태어나기 전에 삼각 김밥 하나를 먹으면 배가 부르다고
했다. 스테이크의 절반을 남자 친구의 접시에 덜어 주었고, 그의 먹는
모습을 사랑스럽게 바라보았다.

그래, 나 많이 먹는다. 라면 먹고 나면 당연히 국물에 밥을 말아 먹
고, 면만 먹을 때에는 두 개씩 끓여 먹는다. 밥을 먹고도 커피, 케이크
에 입가심 과자까지 엄청 먹어 댔다.

2 웃음의 양

그의 작은 손짓, 말소리 하나에도 까르르 웃어 줬다. 사실 재미없는
이야기도 많았다. 친구가 만약에 그 이야기를 했다면 "그래서 그게 뭐.
그걸 지금 웃기다고 하는 거냐? 감각이 떨어지네!" 하면서 퉁명스럽게
비꼬았을 내용을, "어머머, 까르르까르르, 너무 재밌다. 아, 배 아파! 너

무 웃겨서 눈물까지 나려고 하네." 별 호들갑을 떨어 대며 웃어 줬다.

3 깔끔한 정도

혹시나 옷에 먼지가 묻었을까 톡톡 털고, 먹다가 옷에 조금이라도 튀기면 화장실에 가서 지웠다. 씹을 때에도 오물오물 씹었고, 손이나 입에 묻으면 즉시 냅킨으로 살짝 찍어 닦아 냈다. 길게 푼 생머리는 향긋한 냄새가 났고, 바람에 부드럽게 휘날렸다. 데이트하기 전에는 거울을 한 시간 이상은 보고 나갔고, 그를 만나기 직전까지 작은 손거울을 보며 깔끔하게 단장을 했다.

아이가 태어나기 전 내가 아내를 속인 것

아빠의 속마음

1 운전 시간

결혼 전 그녀의 집이 우리 집과 멀리 떨어져 있어서 내가 매일 데리러 가고 데려다 줬다. 그때는 "오빠, 너무 멀지?"라고 묻는 그녀에게, "아니, 전혀! 이 거리가 뭐가 멀다고 그래." 이렇게 이야기 했는데 사실은 너무 힘들고 지겨웠다.

한 번쯤은 그녀가 오기를 바랐는데 어떻게 한 번을 안 오려고 하고, 가끔 온다고는 했지만, 내가 "아니야, 오빠가 갈게. 하나도 힘들지 않아."라고 하면서 한숨을 내쉬곤 했다.

사실 가끔 그녀와 만나지 못했던 것은 급한 일이 생겨서가 아니라 그녀의 집까지 갔다오는 게 벅차서 그런 적도 있었다.

2 싸움 또는 힘 자랑

솔직히 나는 시비가 발생하면 요리조리 피하는 스타일이었다. 하지만 지지 않을 자신은 있었다.

그녀가 "오빠는 예전에 싸운 적 있어?"라고 하면, "그럼 6대 1로 싸워서 팔 부러뜨리고 한 명은 병원으로 보내고 오빠가 이겼어."라고 한 적이 있다.

그녀가 "와, 대단하다."라고 말하면 마음이 좀 찔렸다. 하지만 지지 않을 자신이 있다.

3 깔끔한 정도

매일매일 샤워를 한다고 했다 실은 옷 벗기도 귀찮아서 세수만 하고 발도 안 닦고 자는 날이 더 많았다.

결혼하고 매일매일 샤워를 하고 씻는 게 너무 힘들었다. 아내는 내가 아주 깔끔한 것으로 안다. 앞으로 깨끗하게 청결을 유지하는 것이 너무 힘들 것 같다.

'속아서 결혼했다. 내가 미쳤지!' 이런 말은 더 이상 하지 마세요. 그대도 상대방을 속였잖아요. 같이 속였기 때문에 두 사람은 공범입니다.

그래서 평생 가정이라는 감옥에서 같이 살 것을 명합니다!

도망가지 못하도록 사랑스러운 아이를 낳아 같이 기르세요.

아이의 복장, 아내 복장이 터지다

엄마의 속마음

큰 맘 먹고 새로 아이 옷을 샀다. 사실 유명 메이커의 아이 옷은 어른 옷보다 더 비싸다. 가족 행사나 중요한 모임, 나들이 때 입히려고 특별히 생각하고 또 생각해서 신중하게 산 옷이다.

가격을 보고 깜짝 놀란 남편이 또 한 소리 할까 싶어 당연히 50퍼센트 세일을 한 거라며 둘러대기까지 했다. 그래도 남편은 손바닥만 한 천이 뭐가 그리 비싸냐며 불만투성이다. 그 손바닥만 한 천이 밖에 나갔을 때 아이의 위신을 얼마나 세워 주고, 그리고 부모의 관심 정도를 다른 이에게 얼마나 절절하게 알리는지 몰라서 하는 소리다.

약속이 생겼다. 지인들과의 식사 모임 자리였다.

아이에게 얼마 전 산 새 옷을 아주 깔끔하게 입혀서 모임에 데리고 갔다. 역시나 반응이 신선하다. 요즘 아이들 옷은 어쩜 이리 깜찍하느냐, 너무 사랑스럽다, 클수록 더 예뻐진다는 등 칭찬이 자자하다.

하지만 뿌듯함도 잠시, 음식점에 도착하자마자 얼마 되지도 않아서 우리 아들은 옷에 주스를 쏟았다. 게다가 딸기 하나를 손에 쥐고 옷에 질질 흘리며 먹는다. 오늘은 저 비싼 옷을 사서 입힌 첫날인데 과일 물은 잘 지워지지도 않는다. 나는 몹시 화가 났다. 그래서 손에 힘을 실어 매우 거칠게 옷을 갈아입힌다. 그리고 아이에게 화를 낸다.

"도대체가 너는 비싼 옷을 입히면 안 돼. 먹을 때 왜 이렇게 흘리는 거야, 응?"

음식도 먹는 둥 마는 둥 정신없이 모임을 끝내고 돌아오는 차 안에서도 속이 상해 혼잣말을 했다.

"어유, 속상해. 그게 얼마짜리 옷인데. 더구나 처음 입은 옷인데. 주스랑 과일 물은 세탁해도 잘 빠지지도 않는데 말야!"

운전하던 남편이 한 마디 한다.

"그러니까, 왜 사주냐고? 다음부터는 비싼 거 절대 사지 마!"

왜 또 결론이 그렇게 나는지 모르겠다. 오늘 생긴 나의 모든 화가 다 남편한테로 쏠렸다. 돌아오는 차 안에서 내내 그렇게 티격태격 싸웠다. 도대체 무엇이 문제일까? 그런데 집에 돌아와서 아이를 씻기고 재우면서 곤히 자는 얼굴을 보노라니 슬며시 미안한 마음이 솟구친다.

생각해 보면, 내 아이가 나한테 새 옷을 사 달라고 하지 않았다. 그날 새 옷을 입고 가겠다고 말하지도 않았다. 그냥 내 맘대로 사서 입혀 놓고는 아이한테 있는 대로 내지르는 거다. 주스 좀 흘린 게 무슨 큰 죄라도 지은 것처럼 말이다. 자는 아이의 손을 잡고 "미안해."라고 조용히 말해 본다.

아이의 복장, 남편 복장이 터지다

아빠의 속마음

아내가 옷을 사왔다. 물론 내 옷은 아니고 아이의 옷이었다. 자그마한 옷이 정말 귀여워 보였다. 하지만 그만 나는 가격을 보고 깜짝 놀라고 말았다. 애써 무심하려 했지만 생각할수록 화가 났다.

아내는 돈을 너무 쉽게 쓰고 있다. 이런 작은 천 쪼가리 하나가 왜 이리도 사람 마음을 뒤숭숭하게 하는지 모르겠다. 아무리 봐도 이 옷은 1년 만 지나도 작아서 못 입힐 것 같은데, 이 가격에 이 옷을 구매한 아내를 나는 이해할 수가 없었다.

나는 그만 생각의 늪에 빠져 가정 안에서의 나의 존재 가치를 의심하게 된다. 나는 판단력이 흐려지고 말이 거칠어진다. "솔직히 아깝지도 않아? 어차피 조금만 자라도 입히지 못할 텐데 ……." 그런데 이 옷이 절반을 할인한 가격이란다. 그럼 더욱 문제 아닌가? 세일한 가격이 이 수준이라니 이 손바닥만 한 천에 보석이라도 박힌 것일까?

처음에는 단순히 원망을 넘어서 어느 순간 입 밖으로 이런 말까지 나온다. "내가 돈 버는 기계야? 당신이 한 번 벌어 와 봐!" 분위기가 싸늘하다. 아내가 할 말을 잃은 듯하다. 갑자기 한 집안의 가장은 속 좁은 사람이 된다.

지인들과의 식사 모임 자리가 있었다. 그런데 생각지도 못한 반응이 들려온다. 아이의 옷이 너무 깜찍하고 부모의 센스가 넘친다며 잘생긴 아이를 둔 아빠가 되어 버렸다.

물론 이 모든 것이 옷 때문이라는 생각은 안 하지만, 아내가 사서 입힌 아이 옷의 영향이 큰 듯하다. 그렇게 식사 시간은 흘러갔고, 이내 아내가 아이에게 화를 내는 모습을 보았다.

왜 이렇게 옷에 음식물을 흘리느냐는 것이었다. 당연한 것 아닌가? 아이가 흘려 가며 먹는 게 당연한 건데 그걸 가지고 속상해 하는 아내를 보며 아내가 더 아이 같았다.

아내는 혼자 멘붕(멘탈 붕괴)이 왔는지 세탁 걱정을 하고 있었다. 보다 못해 한 마디 했다. "그러니까, 왜 사주냐고? 다음부터는 비싼 거 절대 사지 마!" 그렇게 시작한 한 마디가 예민한 아내에게는 시비의 원인이 되었고, 돌아오는 내내 아내와 옥신각신 싸움을 하고 말았다. 도대체 무엇이 문제일까?

물론 아빠인 내 입장에서 보면 아이에게 당연히 예쁘고 좋은 옷을 입혀 주고 싶다. 하지만 형편상 충분히 더 좋은 가격에 예쁜 옷을 구할 수도 있을 것이라 생각해 본다.

턱없이 비싼 가격의 이 옷이 얼마나 아이의 위신을 세워 주고, 부모의 관심 정도를 다른 이들에게 구구절절 알릴 수 있는지 모르겠다. 하지만 아이는 옷을 사 달라고 한 적이 없었고, 이 옷을 굳이 사줘야 입겠다는 것도 아닌데 아내는 그런 아이를 다그치고 있으니 참으로 안타깝다. 결국 나는 그런 아내를 다그치고 있고, 아이가 보는 앞에서 아빠, 엄마로서 보기 좋지 않게 티격태격하고 심한 싸움까지 하고 말았다. 그렇게 고단한 하루를 마치고 자는 아이를 보며 속으로 '미안해.'라고 외쳐 본다.

하늘이 우리 부부에게 준 정말 최고의 선물입니다. 당연히 줄어든 것보다 늘어난 것이 더 많지요.

무엇보다 아이가 없었다면 정말 꿈도 꿔 보지 못했을 엄청난 행복감을 가졌으니, 세상에 태어나 엄마, 아빠가 되었다는 사실만으로도 이미 횡재하신 겁니다.

지금 이 순간에도, 그 어떤 것을 감수하더라도 소중한 아기가 오기만을 고대하는 예비 엄마, 아빠들이 얼마나 많은지 아세요? 상상하지 못할 정도랍니다.

비록 갑자기 감당 못할 집안일이나 가족을 먹여 살려야 한다는 부담감. 그리고 일주일 동안 누워 잠만 자고 싶은 피로감이 몰아쳐서 힘들지라도, 지금 내 옆이나 휴대폰 속에 있는 아이의 얼굴을 가만히 살펴보세요. 그 복덩어리이자 금쪽 같은 내 보물이 있는데 무엇이 힘들고 벅차신가요?

이겨 내세요! 당신은 많은 사람의 부러움을 받고 있는 복덩어리의 엄마, 아빠입니다.

숫자로 표현한 남편의 넋두리

1 어났다.

2 여자와 함께 산 지

3 년이라는 시간이 훌쩍 지났구나!

4 귈 때에는 몰랐는데, 이렇게 결혼을 하고 보니,

5 랜 시간 내 편일 줄만 알았던 이 사람이

6 아를 전혀 몰랐던 나의 사사로운 행동들에

7 칠 맞지 못하다고 맨날 화만 낸다.

8 팔한 마누라의 모습을 보면 작아지기만 하는 내 모습

9 차하게 살고 있는 나 자신이 씁쓸하기만 하다.

10 년 감수할 일들이 애를 키우면서 매일 반복된다.

11 조를 바치면서 평안하기만을 기도해 왔는데,

12 만 걸고 아이의 편에 서서 나를 못살게 군다.

13 일의 금요일 같은 공포를 매일매일 느끼게 된다.

14 리 이 가정을 두고 도망갈 수도 없고,

15 야 밝은 둥근달을 바라보며 한탄만 하는 내 신세여!

16 .5도인 이슬이가 다행히 나를 위로를 해 준다.

17 리를 마냥 뛰어 도망갈 수도 없고,

18 육아는 왜 이리도 힘이 드는지 오늘도 그저 눈물만 흐른다.

숫자로 표현한 아내의 넋두리

1 어났다.

2 런 문디 자슥의 얼굴을 보니,

3 년 약정 걸린 휴대폰보다 하루하루가 더 지겹구나!

4 랑한다는 말에 속지만 않았어도

5 랜 시간 이렇게 같이 있게 되지는 않았을 텐데,

6 신이 멀쩡하면 뭐하나! 육아는 혼자서 하고 있는데.

7 칠 맞지 못한 문디 자슥의 행동을 보면 또 한숨만 나오고,

8 팔하게 아이들을 잘 보살피는 옆집 남편을 보면 부럽기만 하다.

9 구절절 변명만 해 대는 이 화상아!

10 년만 젊었어도 이렇게 살지는 않았을 것이다.

11 조를 바치고 기도를 해도 지긋지긋한 생활은 반복된다.

12 걸고 밥 안 차려 줘도 저 화상은 밥은 잘 처 먹고 다니네.

13 일의 금요일인데 저건 안 없어지나?

14 리 어디에다 버릴 수도 없고,

15 야 밝은 둥근달을 바라보며 한탄만 하는 내 신세여!

16 .5도인 이슬이랑 절교한 지도 오래고,

17 개월 된 아이를 보며 묵묵히 버텨 보지만 처량한 내 모습을 보면
   나도 모르게 나오는 한 마디

18 …….

아내와 남편의 동상이몽(同床異夢)

남편이 "이번 여름에는 우리 가족 여행갈까?"라고 하면

아내가 생각하는 '우리 가족'은 아이들과 부부.

남편이 생각하는 '우리 가족'은 시아버지, 시어머니, 시댁 식구.

남편이 "우리 조금만 더 고생하자."라고 하면

아내가 생각하는 '조금만 더'는 1~2년.

남편이 생각하는 '조금만 더'는 10~20년.

남편이 "오늘 하루만 피우고 담배 끊을게."라고 하면

아내가 생각하는 '오늘 하루'는 바로 오늘.

남편이 생각하는 '오늘 하루'는 핀잔 듣는 날.

아내가 "청소하는 거 잠깐만 도와줄래?"라고 하면

남편이 생각하는 '잠깐만'은 TV 프로그램 광고 방송 나오는 사이.

아내가 생각하는 '잠깐만'은 TV 프로그램 한 편.

아내가 "맨날 잠만 자냐?"라고 하면

남편이 생각하는 '맨날'은 일요일 딱 하루.

아내가 생각하는 '맨날'은 내 눈에 보이는 날.

홈쇼핑을 보고 있는데 문득 이런 생각이 든다. 아마도 이런 상품을 판매한다면 대박이 나지 않을까?

홈쇼핑에서 보장하는 이런 상품을 자동 주문 전화로 손쉽게 구매할 수만 있다면 나는 주저하지 않고 지금 바로 전화를 할 것 같았다.

'남편', 정말 새로 사고 싶다.

양육법에 대한
아내와 남편의 진짜 속마음

아내의 외출 두 시간

아내가 목욕을 하고 싶다고 한다. 당연히 해야 한다. 그런데 꼭 목욕탕에서만 해야 한단다. 헉, 이 두려운 느낌은 뭐지? 그래, 이제 육아와의 전쟁이 시작되는 거야.

나는 전쟁터에 나가는 병사처럼 자신감 하나로 똘똘 뭉친 채 아내에게 당당하게 말을 건넨다.

"깨끗이 씻고 와요. 때도 좀 밀고!"

"괜찮겠어?"라는 아내의 질문에 괜찮은 듯이 "전혀 문제없어."라고 당차게 답했다. 그러나 문제는 시작되었다.

아내가 집을 나섰다. 나도 아이를 돌보기 위해 아내와 바통 터치를 했다. 우선 첫째 아이에게는 스마트폰으로 만화 다시보기를 틀어 주었다. 물론 예상했던 대로 가만히 있다.

이제 세 살 된 아이가 스마트폰을 밀어서 잠금 해제도 하며 액정에 적절한 터치도 한다. 아빠는 대견하기도 하면서 또한 침묵과 함께 온갖 집중력을 동원해서 가만히 있어 주는 아이에게 감사함도 느낀다. 오케이, 이 녀석은 문제가 없을 것 같군.

하지만 이제 갓 200일 지난 둘째 아이가 문제다. 몸이 천근만근, 눈이 침침하고 퀭해진다. 잠시 멍하니 초점 없이 1분을 버틴 후 아이를 빤히 쳐다본다. 다행히 안 울고 있다. 그런데 입 꼬리가 슬슬 처질랑 말랑한다. 울기 일보 직전이다. 지금부터 난 어떻게 놀아 줘야 할지 모른다.

아이가 여러 가지 행동을 한다. 괜히 아빠한테 "일루 와!"라고 손짓을 한다. 왠지 안아 주어야 할 것 같은 무의식이 나를 사로잡는다. 아이도 처음에는 괜찮은 듯 비위를 맞춰 주다가 갑자기 울음을 터트린다. 나에게도 모유가 나왔으면 하는 간절한 바람이 느껴진다. 줄 것이 없다. 괜히 내 젖을 아이의 입에 대어 본다. 역시 미친 짓이다. 괜히 예전에 나의 아빠가 나에게 그랬던 것처럼 까칠한 볼로 아이의 얼굴을 비벼 본다. 결코 좋아할 리가 없다.

아이는 사포로 얼굴을 문지르는 듯한 고통을 느끼는지 더 울어 댄다. 안 되겠다 싶어 뻘쭘하게 위로 던져도 본다. 그런데 울음을 멈춘다.

5분 정도 아이를 들었다 났다 한다. 하지만 이마저 몇 번 하다 보니 무섭다는 듯 또 운다. 순간, 어린 나이일수록 뇌가 온전히 자리 잡지 못해 머리 흔드는 일은 제발 하지 말라고 했던 아내의 말이 기억이 났다. 그렇게 오랫동안 버텼지만 시계는 아직도 채 30분이 되지 않았다. 그런데 왜 나는 하루가 훌쩍 지났다고 느껴질까? 나는 가식적이지만 언제든지 아이와 눈이 마주칠 때면 웃어 줄 수 있다. 그때 갑자기 첫째 아이가 나를 부른다. 스마트폰을 잘못 터치하여 관심 밖의 영상이 나온 것이다. 재빨리 관심이 많은 영상으로 아이를 유도한다. 천만 다행이다. 아직 질리지 않은 모양이다.

이제 시간은 30분이 더 지나고 몸은 점점 지쳐만 간다. 몸에서는 식은땀이 나고 소화조차 안 되는 것 같다. 아내가 목욕을 끝마치고 돌아올 때가 된 것 같은데 아직도 보이지 않는다.

아이 낳고 처음 가는 목욕탕이라 적어도 두 시간은 걸릴 것이라는 생각이 든다. 깨끗이 씻고 오라고 말은 했지만, 사실 빨리 왔으면 하는 바람도 가져본다.

남은 한 시간 정도가 나에게 큰 두려움으로 다가온다. 이렇게 나는 다시 조금 전에 했었던 행동들을 3회 정도 반복한다. 두 시간을 약간 넘겨서야 아내는 부랴부랴 현관문을 연다. 그리고 이렇게 이야기한다.

"불안해서 제대로 씻지도 못하고, 서둘러 왔어."

내가 예상한 시간은 넉넉잡아 두 시간이었는데 두 시간을 지나 20분이나 초과되었다. 과연 이 시간이 불안해서 서둘러서 온 것일까?라고 마음속으로 의문을 던져본다. 하지만 아내는,

"왜 아이에게 스마트폰을 보여 줬어? 둘째 아이는 상태가 왜 이래?"라며 잔소리를 한다.

나는 나름대로 열심히 했다고 생각했지만 아내는 최악의 육아였다고 판단한 것이다.

오랜만의 외출 두 시간

엄마의 속마음

남편에게 목욕을 하고 싶다고 말했다. 남편은 대수롭지 않게 대답했다.

"그걸 뭘 말을 해. 그냥 하면 되지."

나는 목욕용품을 챙기며 남편에게 말했다.

"집에서 말고, 목욕탕에 가서 때 좀 제대로 밀고 와야겠어."

순간, 남편의 얼굴 표정이 잠시 움찔했다. 하지만 이내 깨끗하게 씻고 오라고 호탕하게 말해 줬다. 좀 미안한 마음도 들고, 걱정스러운 마음이 들었지만 전혀 문제가 없다고 말하는 남편에게 아이 둘을 맡기고 집을 나섰다. 비록 목욕을 하러 가는 거지만 얼마 만에 느껴 보는 홀가분한 기분인지 모르겠다. 둘째 아이를 낳고 나서 간단한 샤워 외에 제대로 목욕을 해 본 적이 없는 것 같다. 몸이 꿉꿉하니 집에서 아이 보는 게 더 지치고 힘들게 느껴진다.

남편이 아이들을 잘 볼지 걱정스럽지만 아이 아빠니까, 또 오래 봐 봤자 두 시간 정도인데, 괜찮겠지. 아니, 괜찮아야 한다. 그리고 곧 있으면 둘째 아이는 낮잠을 잘 수도 있다. 둘째 아이만 잠을 자도 좀 애 보기가 편하다.

목욕탕에 가는 길, 상점 앞에 90퍼센트 세일을 하는 아이들 옷도 눈에 띄고, 땡(?)처리한다는 신발 가게, 천원숍 등이 눈에 띈다. 집에서 마구 쓰는 물건 같은 것은 저런 곳에서 싸게 사면 요긴하게 쓸 수 있을 것 같다. 그곳에 들러 마음껏 구경하고 싶은 마음이 간절하다.

'올 때 들르지 뭐.'

이것저것 눈에 들어오는 구경거리들을 뒤로 하고 목욕탕에 갔다. 탕 속에 들어가니 몸이 노곤하다. 생각 같아서는 때 미는 아줌마에게 돈을 주고 때를 밀었으면 좋겠는데, 몇 년 오지 않은 사이 가격도 올라 최소가 3만 원이다. 마사지팩이라도 첨가하면 5만 원이 휙 넘는다. 3만 원이면 우리 애기들 기저귀 한 포대 값이다. 망설였지만 그냥 내가 밀기로 했다.

개운하게 목욕을 끝내고, 시원한 식혜도 한 잔 마셨다. 정말 이렇게 개운할 수가 없다. 천근만근이던 몸이 날개옷을 입은 것인 양 가볍고 상쾌하다. 비록 예전보다 몸무게가 늘고 몸맵시가 망가지긴 했지만, 그 래도 너무 개운해서 지금 기분만큼은 날아갈 듯하다. 남편 혼자 아이를 돌보는 게 걱정이 되어서 부랴부랴 때를 밀고 정신없이 머리 감고 분주하게 목욕을 하고 나니 노곤하다.

어유, 맛있는 거 먹고 한숨 푹 잤으면 좋겠지만 갑자기 아이들에게 뭐라도 좀 먹였는지 걱정된다. 집으로 향하는 발걸음이 점점 빨라진다. 일단 한번 걱정되기 시작하니까 아이들 울음소리가 들리는 것 같기도 하고 초조해지기까지 한다.

남편에게 전화를 걸었다. 신호가 가자마자 전화를 받는다.

"여보세요, 여보세요?"

"……."

아무 소리가 들리지 않는다. 집에 무슨 일이 생긴 걸까?

"여보세요, 여보세요?" 다급하게 외치자, 아이의 소리가 들린다.

"잉잉, 잉잉, 이거 안 돼."

그 소리를 듣자마자 성질이 난다. 분명히 아이에게 스마트폰을 쥐어 주고는 계속 영상만 보여 준 것이다. 어유, 어찌하고 있을지 집안 꼴이 떠오르며 초조하다.

거의 뛰다시피 하며 집에 들어온 순간, 여전히 스마트폰에 빠져 있는 첫째 아이가 보인다. 콧물 자국, 눈물 자국 범벅이 된 둘째 아이도 보인다. 저 옆에 부스스한 얼굴로 자고 일어난 듯한 남편도 보인다.

"도대체 애를 본 거야, 만 거야? 스마트폰 보여 주지 말라고 신신당부 하니까 보여 주고, 여기에 간식 꺼내 놓은 것은 먹이지도 않고서 방 안

에서 도대체 뭘 한 거야? 잠깐 사이에 집안 꼴이 이게 뭐냐고?"

나도 모르게 끊임없이 잔소리가 쏟아진다. 아니, 애가 울고 콧물이 나면 좀 닦아 주고 세수도 좀 시켜 줘야 하는데 도대체가 애 얼굴이 이 모양이 되도록 뭘 한 것인지 모르겠다. 화가 나고 한심하다. 그런데도 힘들다며 또 대(大) 자로 뻗어 버린다.

아니, 민망하지도 않은 걸까? 도대체 고작 두 시간 남짓 돌봐 주고는 뭐가 그렇게 힘들다고 하는지 모르겠다.

어유, 덩치만 클 뿐 완전 저질 체력에 융통성이라고는 하나도 없고 게으르고 답답하다. 들어오자마자 둘째 아이를 안고 집안일을 해야 하는 내 처지가 처량하다.

사실, 목욕을 하러 갈 때만 해도 흔쾌히 육아를 담당해 준 남편에게 고마운 마음이 들었는데, 돌아와 집안 꼴을 보니 그 마음이 싹 사라져 버렸다.

🦋 | 힐링 메시지 | 걱정이라는 모서리에 두고 온 두 시간

아이를 낳고 오랜만에 목욕탕이라는 곳에 가 봤습니다. 아가씨 때에는 매주 갔던 목욕탕을 이번에는 아이들을 두고 혼자 왔습니다. 과연 목욕을 제대로 할 수 있을까요? 두고 온 아이들 걱정에 제대로 씻을까요?

울고 보챌 아이들이 눈에 밟혀 근심만 가득 불려 놓고 목욕탕에서 나왔습니다. 돈이 아깝게도 괜히 혼자 목욕탕에 왔나 봅니다. 아이 엄마가 언제 제대로 한 번 마음 편하게 때를 밀까요?

숨 쉴 힘도 남아 있지 않는 밤 8시

엄마의 속마음

저녁 8시다. 밀려 있는 설거지, 쌓여 있는 빨랫감, 방바닥에 먹다 떨어뜨린 밥풀, 수건과 샴푸 통, 바가지 등이 나뒹구는 욕실, 도대체 뭐부터 치워야 할지 막막하다.

가장 문제인 것은 나의 체력은 이제 거의 바닥 수준이라 눈 감고 걸어 다니는데, 아이는 아직도 쌩쌩하다는 것이다.

나는 자고 싶은데 잘 수 없고, 아이는 잤으면 좋겠는데 잠들지 않는다. 반대였으면 좋겠는데, 늘 바람은 이루어지지 않는다.

저기, 오랜만에 저녁 시간에 앉아 있는 남편이 보인다. 거실 소파에 드러누워 스마트폰만 만지작거리고 있다. 동동거리는 내 모습이 안 보이는 걸까? 소파 위에 마구 돌아다니는 블록이랑 거즈 수건, 기저귀 같은 것을 치울 생각은 하지 않고, 손가락을 살짝 밀어서 자신이 누울 공간만 확보한 채 드러누워 버린다. 더 열 받는 것은 내 치맛자락을 붙들고 징징거리며 쫓아다니는 아이이다. 내내 징징거리던 아이는 엄마의 고함 소리를 듣고 나서야 거실 소파 밑에서 장난감 자동차를 들고 엎드린 채 놀고 있다. 엄청 따분하고, 지루하고, 멍한 표정으로 말이다.

그 옆에서 스마트폰으로 전혀 중요할 것도 없는, 의미 없는 카톡(SNS)질이나 하고 있는 남편 모습이라니 참으로 한심하다. 부글부글 끓지만 참는다. 어차피 말해 봤자 짜증내고, 화내며, 싸움만 날 뿐이라는 것을 경험으로 익히 알고 있기 때문이다. 큰소리를 지르고 싶은 것을 참고 나지막이 말한다.

"간만에 들어왔으면 애 좀 봐 줘. 나 설거지도 하고, 욕실도 정리해야 되고 바쁘단 말이야."

아이의 모습을 흘깃 보며 남편은 "잘 노는데 왜?"라고 대답한다. 한숨이 절로 나온다. 잘 논다고? 아이의 표정을 보고도 저런 말이 나올 수 있을까? 아이의 모습을 보고 안쓰럽다는 생각이 절로 들지 않았을까? 우리 남편이 자랄 때에는 아이를 좁은 공간에 가둬 두고 일만 시켰던 것일까? 어떻게 해서 저 모습이 잘 노는 모습일 수 있을까? 정말 화가 났지만 한 번 더 참는다.

"저게 무슨 잘 노는 거야. 심심해하잖아. 오랜만에 왔는데 당신이 데리고 좀 놀아 줘." 차분한 나의 말에 남편은 "지우야, 일루 와. 아빠한테 와." 한다. 둘이 이내 아이 방으로 들어간다. 흐뭇하다. 내 눈앞에 설거지감이 쌓여 있고, 해 놓고 말리지 못한 빨래가 산더미처럼 뭉친 채날 기다리지만 힘이 난다.

내 아이가 아빠의 사랑을 받으며 놀고 있기 때문에 마냥 행복하다. 급하게 설거지를 먼저 끝내고 빨래를 널기 전에 아이 방을 살짝 들여다

보았다.

헐, 둘이 나란히 누워서 스마트폰으로 '뽀통령'을 보고 있다. 더 이상은 못 참겠다. 문을 확 열며, 남편에게 소리를 질렀다.

"애 보라고 했지, 누가 스마트폰 보여 주라고 했어?"

남편은 정말 어이없다는 표정으로 대답했다.

"지금 놀아 주고 있잖아?"

그게 놀아 주는 것이냐고 묻고 싶다. 예전에 내가 분명히 TV이나 스마트폰, 컴퓨터 등으로 만화 영화나 화려한 영상을 오래 보여 주면 아이의 뇌가 자극적인 것에 길들여져서 머리가 나빠지니까 최대한 보여 주지 말아야 한다고 말했었다. 그런데도 저렇게 둘이 드러누워서 스마트폰으로 만화 영화를 보고 있다니 정말 화가 났다. 저럴 바에는 차라리 아이 혼자 지루한 표정으로 거실 바닥에 엎드린 채 미니카 놀이를 하는 게 나을지도 모르겠다.

너무 화가 났지만 또다시 큰 싸움으로 번질지도 몰라 가까스로 참았다. 아이가 보고 있다. 아직 어려서 기억하지 못할 수도 있겠지만 그래도 부모의 싸움은 아이에게 좋지 않은 영향을 준다. 그래서 다시 한 번 숨을 내쉬며 차분하게 말했다.

"공을 차기도 하고, 아니면 같이 블록을 쌓으면서 좀 몸으로 놀아 주란 말이야."

그러자 남편은 "지우야, 엄마 무서워서 안 되겠다. 뽀로로 그만 보고 아빠랑 놀자."라고 말하며 아이를 번쩍 안았다.

블록 쌓기 하는 모습을 보며 방을 나온 나는 빨래를 널었다. 남편

옷, 아기 옷, 자잘한 거즈 수건에 양말 등등 빨래는 정말 끝도 없이 나온다.

8시 40분이다. 빨래를 한참 널고 있는데, 남편이 방에서 나온다. 놀아 달라는 아이에게 혼자 해 보라며, 말도 안 되는 자기 주도적 학습을 시키고는 냉장고 문을 열고 먹을 것을 찾는다. 그리고는 또다시 거실 소파에 드러누워 스마트폰을 본다. 그 후, 애 좀 보라는 나의 말에 "아까 봤잖아."라며 귀찮은 듯 핑계를 댄다.

아이가 태어나며 없어진 자유와 자존심

아이가 태어났다. 이 녀석은 뭐 새벽에 두세 시간 간격으로 배고프다고 울어 대는데, 그 고통은 지금까지 경험해 보지 못한 색다른 고통이었다. 잠 한번 푹 자고 싶은데 당초 하루도 편할 날이 없구나!

"여보! 나 내일 출근하잖아. 당신이 좀 맡아 줘."

"나도 하루 종일 아기 보느라 너무 힘들어."

그러면 도대체 나더러 어쩌란 말인가? 회사에 가서는 피로에 쌓여 업무도 제대로 할 수도 없는데 이건 뭐 웬만한 체력이 없으면 아이 키우기도 힘들게 느껴진다. 결국 아내가 이런 제안을 한다.

"하루씩 번갈아 가면서 맡자."

"회사에 나가면 나 진짜 힘들어 미칠 것 같다고!"

"그럼 나는 안 힘든 줄 알아?"

그렇게 티격태격하다가 얼추 1년이라는 시간이 지났다. 이 녀석이 어느 정도 걷기 시작하더니 정말 잠시도 한눈을 팔 수가 없게 만든다. 하루 종일 회사일로 지친 몸을 이끌고 퇴근해서 집에 오면 대략 저녁 7시경이다. 하루 일과를 마치고 마음 편히 먹고 싶은 것을 먹을 자유도 없이 이제는 고대하던 저녁 먹거리까지 회사에서 어중간하게 끼니 때우기식으로 살아온 지도 며칠이 지났다. 간단하게 씻고 아이와 놀아 주기 시작한 지 약 두어 시간이 지났으니 맘 놓고 TV를 보기 시작한다. 그런데 갑자기 귓가에 한 마디가 들려온다.

"제발 TV 좀 그만 보고 애랑 좀 놀아 줘!" 화가 치밀어 오른다.

"나 지금까지 애랑 노는 거 못 봤어? 그럼 나는 언제 내 시간을 가져? 내 집에서 TV도 맘대로 못 봐?"

"여태까지 나는 설거지하고 집안일 하는 거 못 봤어? 애 잘 때까지만이라도 분유 좀 먹이고 재우라고!"

이게 다 아빠 육아랍시고 육아를 당연히 아빠들이 해야 할 일이라고 생각하는 언론에 비친 몇몇 남자들 때문인가? 억울하다. 세상이 변하고 바뀐 거 알고 있다. 아이를 키우는 것은 '부모'이지 '모'가 아니란 것도 알고 있다. 그런데 왜 이렇게 아내는 내 마음을 알아주지 못하는 거지?

조금 칭찬이라도 해 주면서 어르고 달래서 도와주기를 바라야지 마냥 집안일과 아이 키우는 일을 무조건적으로 하라는 건 서운하고 섭섭하고 화가 난다. 더구나 명령식 말투는 이미 회사에서 너무 많이 들어 이젠 지겹다. 그런 회사에서 퇴근했는데 부탁을 하는 어조로 말하면 안 되는 건가?

내가 TV를 보려고 리모컨을 돌리다가도 때로는 나를 인정해 주고 칭찬해 주면 얼마든지 청소기를 돌릴 수도 있는데 말이다.

혹시 어리석게도 당신의 아내가 TV 프로그램 속의 만능 슈퍼맨 아빠들이 정말 실생활에서도 그럴 거라고 믿는다고 생각하시나요? 아내들도 TV 속 슈퍼맨들이 모두 설정이라 생각할 겁니다.

아내는 남편에게 실생활에는 없는 슈퍼맨을 바라는 게 아닙니다. 아내가 바라는 것은 아주 작습니다. 바쁜 일상, 뛰어가던 걸음을 멈추고 잠시 아내의 말에 귀를 기울여 보세요. 또 아내의 눈빛에 담긴 바람이 무엇인지 읽어 주세요.

의외로 아주 소소하고 간단한 일이 아내의 눈에, 아이의 눈에 당신을 슈퍼맨으로 보이게 할 수 있답니다.

남편들이 보통 친구들에게 베푸는 것과 똑같은 정도의 예의만을 아내에게 베푼다면 결혼 생활의 파탄은 훨씬 줄어들 것이다.

— 화브스타인

장모님이 불쌍하다

아내가 쉽게 생각하는 그분, 항상 그 자리에 계시다는 이유로 당연한 것으로 생각하고 자꾸 기대게 되는 그분, 우리 아이가 가장 많이 부르는 이름이 바로 할머니로 내게는 장모님이다. 어느덧 할머니는 육아의 일부를 책임지고 계신다. '할머니'+'엄마' 그래서 '할마'라고도 한다.

늘 자식들 생각에 표현은 안 하시지만 알고 보면 마음의 병까지 숨기고 계신 듯해서 늘 보고만 있어도 마음이 찡하다. 자식 된 도리로 무언가를 해 드리고 싶지만 하지 못하고 있다. 언제나 "괜찮다, 나는 괜찮다."라고 말씀하신다. 더구나 아내의 어머님이기에 아내는 누구보다 그 고된 하루를 잘 알고 있는 듯하지만 자꾸 표현이 안 되나 보다.

할머니들은 늘 반복되는 전쟁을 치른다. 어떻게 보면 그 어려운 시절에 이미 남매들을 키워 오신 슈퍼우먼인데, 자식들 다 키워 놓으니 결국 끝나지 않은 장모님의 미션이 있었으니 바로 황혼 육아다.

할머니는 손주가 태어날 때부터 손주에게 헌신을 다하셨다. 아이가

13킬로그램이나 되었는데도 한시도 할머니 등에 붙어서 떨어지지 않으려 한다. 그렇게 성장을 해서 어느덧 말문이 트였다 그러더니 집 안에서 할머니를 가장 만만하게 보고 어쩔 때에는 독설도 서슴지 않는다. 할머니의 사랑은 하염없는 짝사랑이었다. 장모님은 이젠 세상 누구보다도 손주들을 예뻐해 주지만 몸도 마음도 골병이 드셨다.

딸들은 친정엄마가 항상 건강하고 씩씩하다고 느끼고 때로는 설거지라도 좀 해 주는 게 당연하고, 바쁘다고 그냥 가 버리시면 왠지 서운하게 느끼는 것 같다.

장모님은 딸이 밉다고 얘기하시다가도 어느새 하룻밤이 지나고 나면 내 딸이 매일 힘들 텐데 내가 힘을 줘야 한다고 생각하시나 보다. 무릎과 팔이 아프시고, 육아에 골병이 드셨지만 장모님은 딸이 친구도 자주 만나고 사회생활도 열심히 하도록 뒷바라지를 해 주신다. 이제는 그 누구보다 멋지고 우아하게 살아야 할 장모님이시지만 때로는 아내의 육아 방식이 맞지 않아 딸로부터 핀잔을 들으면서 늘 고달픈 하루를 사시는 듯하다. 그런 장모님이 오늘 따라 더 불쌍하다.

장모님이 불쌍하다고?

엄마의 속마음

　남편, 우리 엄마를 그렇게 애틋하게 생각하고 걱정해 줘서 정말 고맙고 감동적이야. 그런데 그거 알아? 우리 엄마가 고생하는 까닭은 남편 당신이 육아를 도와주지 않기 때문이라고.

　허울 좋은 말이나 생각만이 아닌, 실제적인 육아를 좀 도와 달라는 말이다.

장모님 눈에는 아이 낳고 허둥지둥 정신없이 살아가는 당신의 딸과 돈을 버느라 피곤에 절어 축 처진 어깨를 한 채 출근하는 당신의 사위가 더 안쓰럽고 불쌍하다고 느낍니다. 그래서 오늘도 할머니는 최선을 다해, 우리 아이를 위해 엄마 역할과 아빠 역할을 합니다.

그런 고마운 어머니께 해 드릴 수 있는 최고의 효도는 무엇일까요? 감사하는 말이나 두둑한 용돈, 해외여행이나 명품 가방이 아닙니다.

장모님은 서로 알콩달콩하게 사랑하며 살아가는 부부의 모습을 보고 싶어 합니다. 티격태격 싸우지 않는 것만으로도 큰 효도를 하는 것입니다.

요즘에는 아이가 무언가를 스스로 해 보겠다고 한다. 그런데 모든 것이 서툴기만 하다. 신발도 혼자 신으려고 하지만 아직까지는 거꾸로 신는 경우가 많다.

그렇다면 양말은 어떨까? 양말 두 켤레 중 한 켤레는 어떻게든 잘 신었다. 그런데 다른 한 켤레는 뒤꿈치 부분이 앞으로 나오고 가관이다. 그리고 이렇게 한 마디 한다.

"아빠! 양말 한 마리가 잘 안 돼!"

결혼하니까 어떠세요?

벌써 결혼한 지 7년이 지났다. 결혼에 대한 환상이 있는 한 후배가 나에게 이런 질문을 한다. 결혼하니까 어떠세요?

나는 이렇게 대답을 한다.

"응, 그건 있잖아! 여자 친구가 집에 놀러 와 밥도 같이 해 먹고 하니까 너무나 즐겁다. 그런데 집에 안 가! 빨리 집에 가면 게임도 좀 하고, 할 일도 좀 하려고 했는데 말이야."

그 어떤 말이나 위로로도 힐링이 안 된 다면 한 번쯤 체크해 보세요

가장 무서운 가정 파괴범 – 엄마의 우울증

얼마 전 신문에 30대 엄마가 네 살 난 아이와 함께 창밖으로 뛰어내려 자살한 사건이 보도되었다. 남편과의 불화에 시달리다가 홧김에 아이와 함께 창밖으로 투신한 것이다. 엄마와 아이 모두 사망했다. 이 사건에 많은 사람들이 놀랐고 충격을 받았는데, 예상치 못한 반응도 있었다. 그 사건을 보도한 인터넷 기사의 댓글이었다.

많은 아기 엄마들이 제대로 꽃피워 보지 못하고 엄마의 그릇된 판단으로 세상을 등진 아이에 대한 안쓰러움과 동시에 그 엄마의 행동에

대해 심정적으로 공감을 느낀다는 내용이었다.

사람들이 생각하는 것 이상으로 육아에 시달린 아기 엄마들은 지쳐 있고, 힘이 없다. 지치고 피곤하다가 화가 나서 더 이상 참을 수가 없고 괴롭다가 나중에는 모든 것이 의미가 없고 살 가치가 없다는 단계로 빠지게 된다.

"사는 게 재미없고 힘들지만 그냥 살아요."

"왜 자꾸 남편에게 화가 나고 무슨 일을 할 때 맥이 빠지고 하기 싫어지는지 모르겠다. 끝이 없는 듯한 육아에 한숨이 절로 난다."

자신이 힘든 이유를 잘 알고 있고, 또 그냥 살기(?)로 다짐을 하지만 살기가 힘들 정도로 모든 것이 무의미해질 때가 있다.

가정을 파괴하는 가장 강력한 요소 중의 하나가 바로 엄마의 우울증이다. 엄마의 정신이 건강하고 긍정적이며 밝다면 엄마 자신도 행복할 뿐만 아니라 아기와 남편을 비롯한 주변 사람들이 모두 행복해질 것이다.

다음 장에 제시하는 문항들을 당신이 직접 체크해 보면서 얼마나 우울한지 확인해 보자.

특징	전혀 아니오(0)	아주 가끔 그래요(1)	자주 그래요(2)	항상 그래요(3)
혼자 멍하니 생각에 잠긴 시간이 많다.				
집중력이 매우 약해졌다.				
암기력이 뚝 떨어졌다.				
죽으면 다 끝나지 않을까, 내가 죽으면 누가 슬퍼할까 하는 생각을 한다.				
무슨 일이든 큰 관심이 생기지 않는다.				
어쩌다 내가 이렇게 별 볼 일 없는 사람이 되었는지 허무한 생각이 든다.				
부자인 사람, 연예인, 능력 있는 사람 등에 대해 열등감을 느낀다.				
잠을 쉽게 자지 못한다.				
자신도 모르게 한 가지 생각에만 계속 맴돌고 있다.				
어떤 일에 대해 결정을 쉽게 못 하고 망설인다.				
아이가 다치거나 작은 실수에도 죄책감이 심하게 든다.				
무슨 일이든 하려면 너무 지치고 힘이 든다.				
요즘 나는 불행하고 우울한 삶을 산다는 생각이 든다.				
잘 해야겠다는 생각보다는 만사가 다 무의미하게 느껴진다.				
나의 우울한 감정이 앞으로 나아질 거라고 생각하지 않는다.				

점수의 합계가 10 이하 ➡ 정상
점수의 합계가 11 이상 20 이하 ➡ 우울증 초기
점수의 합계가 21 이상 35 이하 ➡ 우울증 중기
점수의 합계가 36 이상 ➡ 중증 우울증

우울증 중기 정도까지라면 어느 정도 자가 치료가 가능하지만 중증 우울증이라면 반드시 전문가의 상담과 약물 치료가 동반되어야 한다. 총 합계가 36 이상이라면 서둘러 전문의를 찾아가 도움을 받는 것이 필요하다.

사랑받는 남자
현병수의 꿀팁

아내 사용 설명서 Top 10

01 남편들을 위한 떠보기 질문 대처 요령

02 남편들이여, 이렇게 대답하라!

03 남편들의 행동 강령

04 살아남기 위한 남편의 생존 비법

05 여자들의 아무거나?

06 아내와 쇼핑하는 남편들을 위한 꿀 팁

07 주말에 쉬기

08 비교하는 아내 대처법

09 장모님 사용 설명서

10 아내를 위한 운전 연수

남편들을 위한 떠보기 질문 대처 요령

아내: 여보, 나 궁금한 게 있어.

남편: 궁금한 거? 뭔데?

아내: 이나영이 예뻐, 내가 예뻐?

남편: 응? 당연히 당신이 예쁘지.

아내: 아잉, 뭐야! 이나영은 여배우고 나는 그냥 아줌마잖아. 괜찮으니까 솔직하게 말해 봐.

남편: 솔직하게 네가 더 예뻐.

아내: 왜 자꾸 거짓말을 해. 난 당신이 왜 좋은지 알아? 당신은 돈도 없고, 배도 나오고, 질병도 많이 걸릴 것 같지만, 대신에 당신은 참 솔직하잖아. 나 그거 하나 보고 당신 만난 거야. 그러니까 솔직하게 말해 봐.

남편: 진짜 솔직하게 말해도 돼?

아내: 당연하지. 나는 정말 거짓말 하는 남자들 경멸해. 정말 인간 같지도 않아. 그러니까 솔직하게 말해 봐. 이나영이 예뻐, 내가 예뻐?

남편: 음, 이나영.

아내: 이 배신자, 쓰레기!

남편: 거짓말 하는 남자를 경멸한다며?

아내: 그렇다고 솔직하게 말하는 남자는 죽여 버리고 싶어!

낚였다. 이나영과 아내, 누가 더 예쁘냐? 진짜로 몰라서 물어보는 걸까?

자기도 안다. 하다못해 아내를 낳아 주고 길러 주신 장인, 장모님도 알 것이다. 하지만 남편이고 평생 같이 살아가야 할 동반자이기 때문에 피해 갈 수 없는 상황이다.

아내 사용 설명서에는 이렇게 나와 있다.

아내: 여보, 나 궁금한 게 있어.

남편: 궁금한 거? 뭔데?

아내: 이나영이 예뻐, 내가 예뻐?

남편: 뭐? 하하하. 그런 바보 같은 질문이 어디 있어? 하하하.

아내: 당신 왜 웃어?

남편: 아, 당연히 웃기지. 이나영이랑 당신이랑 비교하는데 ……. 하하하.

아내: 그게 왜?

남편: 거울을 보고 당신이 한 번 봐봐.

아내: 지금 말 다했어?

남편: 누가 봐도 쌍둥이잖아.

아내: …… ♥♥!

참 연기를 잘 해야 한다. 인생은 연극이다. 잘 살려면 때로는 연기가 필요하다. 정말 이나영과 아내가 똑같을까? 단 하나만 바꾼다면 아내도 '이나영'이라는 말을 들을 수가 있다. 그건 이름을 바꿔야 한다. 그래야만 '나영아!'라고 들을 수 있는 것이다. 하지만 분명한 것은 당신의 아내를 이나영과 동급화시켜 줄 때 당신은 원빈이 될 수 있다는 사실을 반드시 기억하자.

남편들이여, 이렇게 대답하라!

아내: 여보! 만약에 내가 죽으면 당신은 어떻게 할 거야?

남편: 죽긴 왜 죽어? 무슨 그런 말을 해?

아내: 그럴 수도 있잖아. 내가 세상에 없으면 어떻게 할 거냐고?

남편: 많이 힘들겠지!

아내: 그게 다야?

남편: 당신 때문에 많이 울겠지!

아내: 그리고?

남편: 시간이 지나면 다른 여자랑 만나겠지.

아내: 당신이 먼저 죽을래?

남편: …….

아내: 다른 여자 누구?

남편: 나야 모르지.

아내: 어떤 여자냐고?

남편: 몰라.

아내: 이 배신자, 쓰레기!

이렇듯, 어쩌다 한 번씩 던지는 아내들의 떠보기 질문에 정말 대처할 방법이 없다.

하지만 아내 사용 설명서에는 이렇게 나와 있다.

아내: 여보! 만약에 내가 죽으면 당신은 어떻게 할 거야?

남편: 말 못해.

아내: 아니 만약에 내가 이 세상에 없으면 당신은 어떻게 할 거냐고?

남편: 말 못해.

아내: 아니 그냥 아무 말이라도 해 봐. 왜 말을 못해?

남편: 그럼 나도 죽은 건데 어떻게 말을 해.

아내: ♥♥! 여보 …….

남편: 당신 없으면 나도 죽은 목숨이야.

이것은 일명 '사망 스킬(skill)'이라고도 한다. 떠보기 질문을 남발하는 여자에게 죽음으로 대처하는 스킬로서 그냥 죽는다는 말 한 마디에 여자들을 끔뻑 죽게 만드는 스킬이다.

TIP 03 남편들의 행동 강령

아내: 당신은 첫 키스를 언제 해 봤어?

남편: 응? 글쎄, 난 잘 기억이 안 나.

아내: 괜찮아, 얘기해 봐.

남편: 얘기하면 화낼 거잖아?

아내: 아니야. 나 그렇게 속 좁은 여자 아니야!

남편: 진짜지?

아내: 그래, 그런 걸로 화내는 여자가 어디 있니?

남편: 그래, 한 10년 전쯤 같은데.

아내: 이 배신자, 쓰레기!

남편: 얘기하라며?

아내: 하란다고 하니?

남편: …….

이보다 더 독한 질문을 할 수도 있다. 하지만 연애할 때 이런 질문은 겪어 봤을 것이라고 생각한다. 굳이 결혼 이후에도 물어볼 확률은 적을 것이다.

유사 질문이 있다면 아내 사용 설명서를 읽고 이렇게 활용해 보자.

아내: 당신은 첫 키스 언제 해 봤어?

남편: 응?

아내: 언제 처음 해 봤냐고?

남편: (곧바로 키스를 하고 입술을 떼면서) 지금.

과연 여자들이 믿을까? 믿지 않을 것이다. 여자들은 바보가 아니다. 하지만 '지금'이란 이 한 마디에 여자들은 바보가 되는 것이다.

아내: 여보! 나 당신한테 궁금한 게 있어.

남편: 뭔데?

아내: 당신은 내가 몇 번째 여자야?

남편: 응? 그게 뭐가 중요해. 이렇게 결혼까지 해서 애까지 낳아 잘 살고 있는 게 중요한 거지.

아내: 물론 그게 제일 중요하지만 그냥 궁금해서.

남편: 몰라, 잘 모르겠어!

아내: 난 다 이해하잖아. 남자가 여자들도 좀 만나고 그래야 능력이 있어 보이지.

남편: 그래? 음, 대략 축구 한 팀 정도?

아내: 축구 한 팀이 몇 명인데?

남편: 11명.

아내: 이 바람둥이, 배신자, 쓰레기!

남편: …….

여자들은 늘 이런 걸 궁금해한다. 솔직히 한 명이라고 얘기하자니 거짓말을 하는 것 같고, 솔직하게 얘기하자니 괜히 껄끄럽다. 과연 몇 명이라고 얘기하는 게 좋을까?

아내 사용 설명서에는 이렇게 나와 있다.

아내: 여보! 나 당신한테 궁금한 게 있어.

남편: 뭔데?

아내: 당신은 내가 몇 번째 여자야?

남편: 응? 그게 뭐가 중요해. 이렇게 결혼까지 해서 애까지 낳아 잘
살고 있는 게 중요한 거지.

아내: 물론 그게 제일 중요하지만 그냥 궁금해서.

남편: 글쎄 기억이 잘 안 나는데.

아내: 그걸 왜 기억을 못 해?

남편: 아니 내가 그걸 일일이 어떻게 기억해?

아내: 도대체 여자를 몇 명을 만났길래 그걸 기억 못해.

남편: 그게 무슨 상관이야?

아내: 뭐라고? 그래서 내가 몇 번째인데, 몇 번째냐고?

남편: (귀에다 속삭이며) 마지막!

아내: ♥♥!

'마지막'이라는 말은 절대 입바른 소리가 아니다. 남자에게 여자는 늘 첫
사랑이길 원하고, 여자에게 남자는 늘 마지막 사랑이길 원한다. 지금 곁에
사랑하는 나의 동반자, 아내가 있다면 우리 남편들에게 자신 있게 해 줄
말이 있다. "늘 마지막처럼 사랑하십시오!"

05 여자들의 아무거나?

남편: 여보, 배 안 고파? 우리 뭐 먹을까?

아내: 나 요즘 육아에 너무 지쳐서 그런지 입맛이 없어.

남편: 그래? 그럼 우리 뭐 먹을까?

아내: 몰라. 그냥 아무거나 먹어서 한 끼 때우면 되지.

남편: 그래? 아무거나? 그럼 우리 피자 먹을까?

아내: 아, 느끼해!

남편: 그럼 떡볶이 어때?

아내: 아, 매워!

남편: 그럼 부대찌개 먹자.

아내: 아, 부대낀다고!

남편: 아까는 아무거나 먹자며?

아내: 아, 몰라 몰라 싫어. 입맛이 없어. 그냥 당신 혼자서 먹어.

남편: 알았어. 그럼 그냥 나 혼자 먹고 올게.

아내: 진짜 혼자 먹냐? 이 배신자, 쓰레기야!

남편: 응, 미안! 그럼 뭐 먹을래?

아내: 아무거나.

이렇듯, 여자들이 먹고 싶어 하는 아무거나는 도대체 무엇일까? 정말
이 문제는 '도전, 골든벨'의 마지막 문제보다 더 어렵다.

하지만 아내 사용 설명서에는 이렇게 나와 있다.

남편: 여보, 배 안 고파? 우리 뭐 먹을까?

아내: 나 요즘 육아에 너무 지쳐서 그런지 입맛이 없어.

남편: 그래? (과감히 아내의 입술에 뽀뽀를 하며) 자기, 입맛 맛있는 데!

아내: ♥♥! 응, 입맛이 돌아왔어!

분명히 아내의 입맛이 돌아올 것이다. 이것은 일명 '밥도둑 스킬'이다. 간 장게장보다 더 맛있는 키스로 입맛을 돋우어 주는 스킬로서 아무거나 먹 자고 하는 아내에게 진짜 아무거나 먹게 해 주는 스킬이다. 하지만 이 스 킬을 너무 남발할 시 외식하기 싫어서 수작을 부리는 것으로 오해할 수도 있을 것이다.

■ 여자들이 말하는 '아무거나'의 숨은 의미

☞ 내 입맛과 취향에도 꼭 맞는 건 물론이고, 내가 근 일주일 동안 먹었 던 메뉴들과도 겹치지 않으며, 칼로리가 낮아 다이어트에 방해도 되지 않 고, 식당의 의자도 편하고, 분위기도 좋아서 식사를 편하게 즐길 수 있는 음식을 말한다. 아내는 그런 음식을 알아서 찾아내라는 것이다. 그전까지 는 절대로 '응'이라는 대답을 하지 않을 것이다.

■ 남자들이 생각하는 '아무거나'의 숨은 의미

☞ 사람이 먹을 수 있는 음식이나 음료 따위를 말한다.

아내와 쇼핑하는 남편들을 위한 꿀 팁

아내: 여보, 이것 봐 봐. 이 목걸이 진짜 예쁘다, 그치?

남편: 응, 예쁘네!

아내: 이거 나한테 잘 어울릴 것 같지 않아?

남편: 응, 잘 어울리네.

아내: 근데 좀 비싸다, 그치?

남편: 응, 좀 비싸네.

아내: 끝이야?

남편: 응, 끝이야.

아내: 집에 가서 애기나 봐야겠다. 이 눈치 없는 인간아.

여자의 대화를 분석해 봤다.

- "여보, 이것 봐 봐. 이 목걸이 진짜 예쁘다, 그치?"

  ☞ "여보, 나 목걸이 사 줘!"

- "이거 나한테 잘 어울릴 것 같지 않아?"

  ☞ "여보, 나 목걸이 사 줘!"

- "그런데 좀 비싸다, 그치?"

  ☞ "여보, 나 목걸이 사 줘!"

솔직히 아내에게 값비싼 목걸이를 사 줄 가치는 분명히 있다. 하지만 가정에 생계를 책임지고 있는 가장에게 경제적으로 조금은 부담스러울 수 있다.

아내 사용 설명서에는 이렇게 나와 있다.

아내: 여보, 이것 봐 봐. 이 목걸이 진짜 예쁘다, 그치? 이거 나한테 잘 어울릴 것 같지 않아?

남편: 싼티 난다. 별로야, 별로!

아내: 뭐가 싼티 나? 이거 고현정 목걸이야. 음, 그럼 이건 어때? 이건 송혜교 목걸이?

남편: 별로야, 별로!

아내: 그럼 이건 어때? 고소영 목걸이!

남편: 완전 별로야. 살 것도 없네. 그냥 가자!

아내: 사 주기 싫으면 사 주기 싫다 그래. 왜 다 별로래?

남편: 뭘 사 주기 싫어? 살 게 없으니까 그러지.

아내: 이렇게 많은데 왜 살 게 없어?

남편: 당신보다 빛나는 게 없잖아?

아내: ♥♥! 여보, 나 안 사 줘도 돼!

남편: 그래. 이건 고현정이나 하라 그래. 이건 송혜교나 줘 버려! 이 건 고소영, 장동건, ……. 맘에 드는 게 하나도 없어.

여자의 마음은 돈으로 사는 게 아니다. 일시불처럼 한 번에 딱 살 수 있는 게 아니다. 평생이라는 기간 동안 할부로 살 수 있는 것이다. 남편들이여, 아내에게 늘 사랑을 표현하자! 지키지 않는 당신은 신용불량자이다.

TIP 07 주말에 쉬기

아내: 여보, 좀 일어나 봐.

남편: 아, 왜?

아내: 잠만 자려고 하지 말고 일어나서 애들이랑도 좀 놀아 줘. 나도 출산하고 살만 뒤룩뒤룩 찌고 이게 뭐냐? 우리 나가서 공원에서 애들이랑 놀아 주고 운동도 좀 하고 오자.

남편: 아, 일요일인데 좀 쉬자.

아내: 그럼 나가서 애들이랑 내가 놀아 주고 운동할 테니까 옆에서 보기라도 해, 응?

남편: 아, 좀 자자. 나 피곤하다고!

아내: 내가 당신 같은 인간이랑 결혼을 한 게 후회된다, 진짜. 나 혼자 운동하러 나갈 테니까 애는 보든지 말든지 당신이 알아서 해.

남편: 알았어, 나가자!

아내: 어유.

일요일에 남편들은 집에서 좀 쉬고 싶다. 더구나 운동을 하러 나가자는 아내의 말에 한 주의 피로가 확 몰려온다. 오늘 하루쯤 쉬어야 일주일을 버틸 수 있을 것만 같은데 아내와 아이들은 손꼽아 일요일을 기다리고 있었다.

하지만 아내 사용 설명서에는 이렇게 나와 있다.

아내: 여보, 좀 일어나 봐.

남편: 아, 왜?

아내: 잠만 자려고 하지 말고 일어나서 애들이랑 좀 놀아 줘. 나도 출산하고 살만 뒤룩뒤룩 찌고 이게 뭐냐? 우리 나가서 공원에서 애들이랑 놀아 주고 운동도 좀 하고 오자.

남편: 운동을 뭐 하러 해? 운동하지 않을래.

아내: 아니 이럴 때 같이 운동을 해야 살이 빠지지!

남편: 아니야! 나 당신 살 빼는 거 싫어. 빼지 마!

아내: 왜 빼지 말라고 그래? 당신 솔직히 말해 봐. 귀찮으니까 그러지?

남편: 뭐가 귀찮아? 당신 살 빼는 거 싫어서 그런다니까!

아내: 왜 살 빼는 게 싫은데?

남편: 단 1그램도 널 잃고 싶지 않으니까.

아내: ♥♥! 여보, 자. 자면서 푹 쉬어. 그럼 난 언제 운동하지?

남편: 운동은 이따 밤에 할 거야!

아내: 밤?

남편: 응. (뽀뽀를 하며) 이건 준비 운동!

아내: ♥♥! …….

물론 개그이고, 나의 유머이다. 하지만 분명한 것은 사랑에 마침표는 있어도 쉼표는 없다는 것이다. 내 아내를 사랑한다면 모든 것에 쉼 없이 행동하길 바란다.

비교하는 아내 대처법

아내: 여보, 어유.

남편: 왜 그렇게 한숨을 쉬어?

아내: 아니, 내 친구 허영이 알지? 걔네 남편 이번에 외제차 샀대. 그리고 자기가 타던 차는 허영이가 탄대. 그것도 꽤 비싸지 아마.

남편: 그 얘길 갑자기 왜 하는데?

아내: 아니 그냥. 아, 맞다. 그리고 우리 현수 어린이집 다니는 훈남이 아빠는 훈남이 엄마가 애 키운다고 너무 고생이 많다며 이번에 곰으로 해외여행 보내 줬다네.

남편: 그 얘길 왜 하냐고?

아내: 아니 그냥. 아, 맞다. 그리고 우리 옆집 태훈이네 아빠는 이번에 가재울 뉴타운에 새로 집을 분양받았다고 하더라. 또 술도 안 먹고 그렇게 집에도 일찍 일찍 들어와서 얼마나 가정적인지 몰라.

남편: 기분 나쁘게 왜 자꾸 비교해. 나도 비교해 볼까? 내 친구 마누라는 요리도 잘 하고 육아를 하면서 남편에게 스트레스도 안 주고, 남편한테 얼마나 잘 하는지 완전 천사야, 천사!

아내: 뭐라고? 그럼 나랑 이혼하고 니 친구 마누란지 뭔지 하고 같이 살아!

남편: 무슨 말을 그렇게 하냐?

아내: 당신 처음부터 친구 마누라 좋아했냐?

남편: ……

이렇듯, 누구는 해외여행을 갔다 왔네, 누구는 명품 가방을 사 줬네, 때로는 남편에게 의도치 않게 상처를 주며 비교를 할 때가 있다. 결국 그런 사소한 비교가 큰 싸움으로 번지고 만다.

그래서 이런 비교로 인한 싸움을 방지하기 위해서 아내 사용 설명서에는 이렇게 나와 있다.

아내: 여보, 어유.

남편: 왜 그렇게 한숨을 쉬어?

아내: 아니, 내 친구 허영이 알지? 걔네 남편 이번에 외제차 샀대. 그리고 자기가 타던 차는 허영이가 탄대. 그것도 꽤 비싸지 아마.

남편: 그래?

아내: 아, 맞다. 그리고 우리 현수 어린이집 다니는 훈남이 아빠는 훈남이 엄마가 애 키운다고 너무 고생이 많다며 이번에 괌으로 해외여행 보내 줬다네.

남편: 괌 좋지.

아내: 그리고 우리 옆집 태훈이네 아빠는 이번에 가재울 뉴타운에 새로 집을 분양받았다고 하더라. 또 술도 안 먹고 그렇게 집에도 일찍 일찍 들어와서 얼마나 가정적인지 몰라.

남편: 와, 태훈이 엄마는 좋겠네.

아내: 아, 답답해. 당신은 같은 남자로서 자존심도 없어?

남편: 뭔 소리야?

아내: 참 나. 당신은 돈이 있어? 차가 있어? 그렇다고 변변찮은 직장
　　 이 있어? 아니 뭐가 있느냐고?

남편: 당신 있잖아, 당신!

아내: ……?

남편: 다른 건 다 없어도 내 옆에는 당신이 있잖아. 세상 어떤 것도 대신
　　 할 수 없는 당신 말야!

　사실 결혼을 한 후 육아를 하는 것은 어렵다. 하지만 아내의 마음을 사
는 것은 돈이 전부는 아니다.

TIP 09 장모님 사용 설명서

장모님: 자네 요즘 잘 지내나?

남편: 네, 어머님.

장모님: 그래도 많이 힘들 거야. 우리 딸 희진이는 육아한다고 많이 힘들어하고 예민해져서 툭하면 툴툴거릴 거야. 자네가 힘들어도 옆에서 잘 위로해 주고 많이 좀 도와주게.

남편: 어머님, 저도 많이 힘들어요. 밖에 나가서 스트레스 받죠, 집에 들어와서 스트레스 받아 죽을 맛이에요. 그놈의 육아가 뭔지. 어유.

장모님: (섭섭한 표정을 짓는다.) …….

사실 요즘 황혼 육아다 뭐다 해서 장모님의 고생이 많으시다. 여러 가지 상황에서 장모님의 기분이라도 좋게 해 드릴 수 있는 장모님 사용 설명서를 반전 멘트로 준비해 봤다.

장모님: 자네 요즘 잘 지내나?

남편: 네, 어머님.

장모님: 그래도 많이 힘들 거야. 우리 딸 희진이는 육아한다고 많이 힘들어하고 예민해져서 툭하면 툴툴거릴 거야. 자네가 힘들어도 옆에서 잘 위로해 주고 많이 좀 도와주게.

남편: 저도 이 여자와 결혼해서 살다 보니 모든 게 이렇게 힘들지 몰랐는데 이게 다 어머님 때문이에요.

장모님: 뭐라고?

남편: 어머님께서 따님에게 예쁜 미모를 물려주셨잖아요. 그 얼굴 보고 사는 거죠. 더 힘낼 게요.

이 세상 모든 장모님들이 사위들에게 가장 바라는 건 당신의 딸에게 잘 하는 것일 것이다. 또 아내가 바라는 것은 남편이 처가에 잘 하는 것이 아닐까?

아내를 위한 운전 연수

육아 때문에 아내와도 많이 부딪히긴 하지만, 아내가 아이들이 있어서 운전을 해야겠다고 운전 연수를 해 달라고 한다. 경제적으로 조금이라도 아껴 보겠다고, 그것도 나에게 직접 말이다. 역시 문제는 시작되었다.

최선을 다해서 알려 주었다. 그러나 내 맘대로, 내 뜻대로 잘 되지 않는다. 하지만 만약에 이 운전 연수가 서로가 잘 지내고 싶었던 그 시절의 연애할 때였다면,

여친: 자기야, 그런데 여기 기어에 R이 뭐야?

나: 응! 이건 알라뷰야.

여친: 아, 뭐야! 장난하지 말구! 그럼 D는 뭐야?

나: 응, 그건 앞으로 가는 거지.

여친: 아, 전진?

나: 지금 자기 뭐하는 짓이야? 나, 자기한테 실망했어.

여친: 자기야, 갑자기 왜 그래?

나: 뭐라고? 지금 전진이라고 했어?

여친: 전진이 뭐 어때서?

나: 나는 자기 입에서 다른 남자 얘기하는 거 싫단 말이야.

이렇게 알콩달콩 운전을 알려 주었을 것이다. 그러나 현실에서는 그동안 사사건건 육아 문제로 구박만 받아 왔기 때문에 나는 아내에게 갑이 되어 복수를 하기 시작한다.

아내: 여보, 그런데 여기 기어에 R이 뭐야?

나: 알 거 없어!

아내: 뭐야? 운전을 알려 주겠다는 거야, 말자는 거야?

나: 말자는 거지.

아내: 그러지 말고 여보야, 여기 N은 뭐야?

나: 엔기지 마라.

아내: 아, 그러지 말고 여보야. D는 뭐야?

나: 디질래?

아내: 나 운전 안 해. 보자보자 하니까 진짜 너무해. 그냥 확 이 차 담벼
락에 꼴아 박아 버린다.

나: 뭐라고? 약속해.

아내: 뭘 약속해?

나: 꼭 꼴아 박는다고.